Frauen in meinem Rosengarten

Frauen in meinem Rosengarten

ALTE ROSEN UND DIE GESCHICHTE IHRER NAMEN

Ann Chapman

Fotografien von Paul Starosta

Deutsche Übersetzung
von Ursula C. Sturm und Heidi Fruth-Sachs

KNESEBECK

Titel der Originalausgabe: *Women in my Rose Garden.*
The History, Romance and Adventure of Old Roses
Erschienen bei Palazzo Editions Ltd. Bath 2012
Copyright © 2011 Ann Chapman

Deutsche Erstausgabe
Copyright © 2012 von dem Knesebeck GmbH & Co.
Verlag KG, München
Ein Unternehmen der La Martinière Groupe

Satz: satz & repro Grieb, München
Herstellung: VerlagsService Dr. Helmut Neuberger &
Karl Schaumann GmbH, Heimstetten
Druck: Imago Productions Pte Ltd
Printed in Singapore

ISBN 978-3-86873-368-6

www.knesebeck-verlag.de

Inhalt

Einleitung 7

Cornelia Africana 11
Felicitas und Perpetua 14
Rosamund de Clifford 21
Johanna von Flandern 25
Jolanthe von Aragón 29
Johanna von Orléans 33
Maria von Kleve 39
Amy Robsart 42
Maria Stuart 49
Nur Jahan 55
Margaret Cavendish Bentinck,
    Herzogin von Portland 61
Marie-Louise von Savoyen-Carignan 64
Kaiserin Joséphine 70
La Belle Sultane,
    die schöne Sultanin 77
Madame de Sombreuil 83
Adélaïde von Orléans 87
Die Herzogin von Angoulême 91
Die Herzogin von Montebello 97

Die Herzogin von Auerstädt 103
Die Gräfin von Cayla 107
Marie-Louise von Österreich,
    Großherzogin von Parma 113
Grace Darling 116
Anaïs Ségalas 123
Königin Viktoria 127
Caroline Julie von Rothschild 133
Marie Henriette Anne
    von Habsburg-Lothringen,
    Herzogin von Brabant 137
Gertrude Jekyll 140
Lady Hillingdon 145
Ellen Willmott 149
Edith Cavell 153
Helen Wilson 157
Constance Spry 160
Nancy Steen 165
Ghislaine de Féligonde 170

Referenzen 174
Bildnachweis 174

Einleitung

»Ich bin keine Sonntagsgärtnerin. In den vergangenen vierzig Jahren meines Lebens hat mir die Ausübung meines Lieblingshobbys nicht nur des Öfteren abgebrochene Fingernägel oder einen verrenkten Rücken beschert, sondern zuweilen auch ein gebrochenes Herz.«
Vita Sackville-West, 1958

In unserem Garten in Neuseeland bin ich von Frauen umgeben: von Madame de Sombreuil und Ghislaine de Féligonde, Lady Curzon und Grace Darling, Nur Mahal und Maria Stuart. Die Suche nach alten Rosensorten sowie ihr Anbau sind und bleiben meine große Leidenschaft, und in dem Garten, den wir auf dem Anwesen der Trinity Farm angelegt haben, wachsen eineinhalbtausend Exemplare von ihnen.

Vor mehr als 25 Jahren fand ich hier nichts als ein über 40 000 Quadratmeter großes, kahles Stück Land vor. Mit meiner Familie war ich, auf der Flucht vor den Unbilden unseres stressigen Berufslebens und angelockt vom ruhigen Landleben von Wellington, Neuseeland, nach Otaki gezogen. Vorher hatten wir zwölf Jahre in England gelebt, wo ein Garten prächtiger und bezaubernder ist als der andere, und wir hatten uns auch hier dazu entschlossen, eine Fläche von gut 12 000 Quadratmetern in einen ebenso schönen Garten zu verwandeln.

Wir waren weder darauf vorbereitet, wie üppig die Rosen im neuseeländischen Klima gedeihen würden, noch war vorauszusehen, dass wir bald eine stetig wachsende Begeisterung für diese botanischen Kostbarkeiten entwickeln würden. Da sie in unserem riesigen Garten genügend Platz hatten, konnten sich die Rosen ungehindert ausbreiten und prächtig entwickeln. Auch bot mir das Anlegen des Gartens, das Planen, Umgraben und Setzen eine willkommene Abwechslung von meiner neuen Arbeit in der Kommunalverwaltung und ließ mich meine neurotische Angst vor der networkingbesessenen Politik hier vergessen.

Trinity Farm beherbergt heute über 125 alte und neue Rosensorten, die nach Frauen benannt sind. Manche der Patinnen waren inspirierende Gestalten der Antike, andere kennt man aus der Geschichte Frankreichs, Deutschlands oder Englands, aber auch einige Persönlichkeiten aus der Neuzeit sind darunter.

Die Beschäftigung mit diesen Pflanzen und ihre klingenden Namen weckte meine Neugier. Wer waren diese Frauen, und warum war gerade

Die Rose »Ellen Willmott«
(s. Seite 149–153).

ihnen diese besondere Ehre zuteil geworden? Im Rahmen der Feierlichkeiten zum 100. Jahrestag der Einführung des Frauenwahlrechts in Neuseeland begann ich, Nachforschungen anzustellen. Es dauerte viele Jahre, bis meine Arbeit endlich Früchte trug.

Die Rosen, die ich für dieses Buch ausgewählt habe, sind eine Zierde meines Gartens und hätten zweifellos auch in jedem anderen Garten einen ehrenden Platz verdient. Die Frauen, denen sie ihren Namen verdanken, stehen für interessante, bedeutende Begebenheiten, die die Welt verändert haben.

Was bewegt einen Rosenzüchter, eine Rose nach einer bestimmten Person zu benennen? In manchen Fällen ist der Grund gleich auf den ersten Blick nachvollziehbar, in anderen scheint es keinen persönlichen Bezug zu geben. Vielleicht waren die betreffenden Züchter ja auch bloß romantisch veranlagt oder fühlten sich von der Lebensgeschichte der einen oder anderen Frau angesprochen?

Hunderte Rosensorten wurden nach Personen benannt, die tatsächlich gelebt haben, andere tragen die Namen von Sagengestalten oder von literarischen Heldinnen. Manche der historischen Gestalten zeichneten sich durch ihren Mut aus, andere – unter ihnen Aristokratinnen oder Herrscherinnen, Sammlerinnen oder Gartendesignerinnen – hatten besonders ungewöhnliche Lebensgeschichten. Sie haben etwas gewagt, haben auf ihre Weise provoziert und fanden so auch ohne die Hilfe von Ehemännern oder Vätern ihren Platz in der Geschichte. Teils handelt es sich aber auch einfach um die Gattinnen oder Töchter von Gärtnern, und schließlich haben Frauen auch einfach dafür gezahlt, dass sie einer neuen Rose ihren Namen geben durften.

Brent Dickerson erklärt in seinem Buch *The Old Rose Adventurer*: »Die Holländer und die Flamen waren die Ersten, die Rosen züchteten, und sie gaben ihnen beschreibende und oft vollkommen lächerliche Namen. Es dauerte nicht lange, bis sich die Züchter bei der Benennung in der Mythologie und in der alten oder neueren Geschichte zu bedienen begannen. Machthaber, Minister, Heerführer, illustre Gestalten sämtlicher Nationen, darunter auch prominente Frauen, wurden zu Namenspatronen einer Rose. Heute, da alljährlich Hunderte neue Sorten gezüchtet werden, widmen viele Gärtner und Züchter ihren Angehörigen oder Freunden eine ihrer neuen Kreationen.« Dickersons Buch lieferte mir bei meiner Suche nach den Geschichten der Frauen in meinem Rosengarten häufig den ersten Anhaltspunkt.

Ich habe meine Informationen aus einer Vielzahl unterschiedlichster Quellen bezogen, darunter Geschichtsbücher, Biografien und Rosenbücher. Und auch wenn ich die Autoren gerne alle würdigen möchte, konnte ich aus Platzgründen leider nicht jeden einzelnen Band in meiner Bibliografie auflisten. Es tut mir leid, falls Sie dort ausgerechnet Ihren Beitrag vermissen.

Beim Schreiben dieses Buches habe ich Augenblicke des Lachens und der Verzweiflung erlebt und sah mich mit widersprüchlichen Meinungen sowie den Tücken des Internets konfrontiert, dessen Nutzung ja zuweilen recht frustrierend sein kann, wenngleich es zweifellos eine schier unerschöpfliche Fülle an Informationen bietet.

Ich danke meiner Familie, Lloyd, Laurence und Nicole, die mich unterstützt und angetrieben hat und mir bei der Recherche zur Hand gegangen ist. Des Weiteren danke ich Jocelen Janon für seine Übersetzungen aus dem Französischen und seine Hilfe bei der Auflösung der zahlreichen Rätsel, vor die die französische Sprache einen Menschen mit englischer Muttersprache stellt. Mein Dank ergeht außerdem an Joanne Knight, die ehemalige Präsidentin von Heritage Rose New Zealand, die mich so großzügig an ihrem Wissen und Erfahrungsschatz teilhaben ließ und mir eine unbezahlbare Hilfe war. Die Angestellten der Kapiti-Bezirksbüchereien haben sich bei der Erfüllung meiner teils obskuren Wünsche selbst übertroffen. Zu guter Letzt möchte ich mich bei Libby bedanken, die die Arbeit im Garten fortgesetzt hat, während ich dies hier schrieb. Mittlerweile haben wir Trinity Farm verkauft, aber unser Erbe, unser Rosengarten, wird auch unter den neuen Besitzern fortbestehen und gedeihen.

Ich hoffe, mit dem vorliegenden Buch ein Interesse an der Geschichte alter Rosen wecken zu können, das weniger mit botanischem Wissen oder etwaigen Neuerungen im Bereich der Züchtung zu tun hat als vielmehr mit der Romantik der Geschichte und der Geschichten, die ihr innewohnt. Es geht um mehr als nur um alte Züchtungen und botanische Entwicklungen: Der Fortbestand alter Rosen ruht in den Armen jener Frauen, deren Namen in der Geschichte einen festen Platz haben, und zwar nicht nur in Form von nüchterner, historischer, intellektueller Aufgeblasenheit.

Es ist eine ganz besondere Art von Geschichtsunterricht, die da für uns in unseren Gärten abgehalten wird; eine, die mit den Mühen des Schulalltags nicht viel gemein hat. Ich widme dieses Buch allen meinen Lesern, und ich danke ihnen von ganzem Herzen.

Ann Chapman

Cornelia mit ihren Söhnen, Bild-
ausschnitt aus *Cornelia, Mutter der
Gracchen* (um 1780) von Joseph
Benoit Suvée (1743–1807).

Cornelia Africana

Um 190–100 v. Chr.

ornelia Africana, die Mutter der reformfreudigen Gracchen, war eine der bedeutendsten Frauen im alten Rom. Selbst Cicero und Plutarch erwähnen sie in ihren Schriften. Zu einer Zeit, als sich Frauen nicht offiziell politisch betätigen durften, war Cornelia eine gefragte Ratgeberin, geschätzt für ihre Intelligenz und ihre politische Versiertheit, was ihrem Ehemann und insbesondere ihren Söhnen nützte. Ihre Söhne waren beim Volk sehr beliebt, weil sie sich für Sozialreformen zugunsten der Ärmsten Roms einsetzten – allerdings bescherte ihnen dieses Engagement ein tragisches Schicksal.

Die Gracchen-Matriarchin ist eine äußerst sagenumwobene Gestalt in der römischen Literatur, was es schwierig macht, ihre tatsächliche Lebensgeschichte von den Mythen, die sich um sie ranken, zu unterscheiden. Cornelia war eine Tochter des Feldherrn Cornelius Scipio Africanus, der im Zweiten Punischen Krieg Hannibal besiegte. Cornelia war noch keine zwanzig, als sie den einflussreichen und beträchtlich älteren Konsul Tiberius Sempronius Gracchus ehelichte, unter dessen Herrschaft die Provinz Hispania citerior – die Region um das Ebro-Tal und entlang der Nordostküste des heutigen Spanien – eine Blütezeit erlebte. Die beiden hatten zwölf Kinder, von denen jedoch nur drei das Erwachsenenalter erreichten: ihre Tochter Sempronia sowie ihre beiden Söhne, die späteren Volkstribune Tiberius und Gaius.

Cornelia wurde vor allem wegen ihrer Tugendhaftigkeit und Treue, aber auch wegen ihres scharfen Verstandes geachtet und genoss das Vertrauen vieler namhafter Römer. Sie liebte ihre Kinder, die sie als ihr kostbarstes Gut bezeichnete, über alles und übte zeit ihres Lebens großen Einfluss auf sie aus. Da sie schon früh den Vater verloren hatten, widmete sich ihre Mutter umso gewissenhafter ihrer Erziehung und Bildung. Cicero, der große Philosoph und Politiker, schrieb, Cornelia habe ihren Söhnen »mehr geistige Nahrung verabreicht als Muttermilch«.

Tiberius (um 168–133 v. Chr.) und Gaius (um 159–121 v. Chr.) wurden schon früh politisch aktiv. Es heißt, Tiberius sei während einer Reise durch die Toskana auf dem Weg zu einem militärischen Feldzug aufgefallen, wie schlecht es um die Landwirtschaft im Römischen Reich bestellt war. Der Großteil des Landes befand sich im Besitz der wohlhabenden Oberschicht und wurde von Sklaven bestellt. Als Tiberius im Jahre 133 v. Chr. zum Volkstribun gewählt wurde, leitete er eine umfassende Agrarreform ein. Er sorgte für eine Umverteilung des Landes, indem er die großen Güter in Parzellen aufteilte, die von Angehörigen der Plebs bestellt werden sollten.

Diese Maßnahmen und die Methoden, mit denen Tiberius sie durchgesetzt hatte, sorgten zwangsläufig für Konflikte im Senat und mit den Patriziern. Der Widerstand im Senat wurde so übermächtig, dass man seine Wahl schließlich für ungültig erklärte. In den darauffolgenden Unruhen wurden Tiberius und viele seiner Anhänger auf dem Kapitolshügel ermordet.

Zehn Jahre später folgte Gaius seinem Bruder in die Politik und vertrat als neuer Anführer der popularen Bewegung ein Programm, das noch umfassendere Reformen anstrebte. Er wurde zweimal zum Tribun gewählt (123 v. Chr. sowie 122 v. Chr.), räumte den unteren Bevölkerungsschichten mehr Macht ein und brachte weitere Landreformen auf den Weg. Es heißt, seine Mutter Cornelia habe ihn angefleht, nicht dem Beispiel seines Bruders zu folgen, doch vergeblich.

Unter den wenigen von Frauen verfassten Schriftstücken aus dem alten Rom sind auch Fragmente von Briefen, die Cornelia Africana ihrem Sohn Gaius geschrieben haben soll, wenngleich manche Historiker daran zweifeln, dass sie tatsächlich von Cornelia stammen. Unter den Dokumenten des ersten lateinischen Historikers und Biografen, Cornelius Nepos, befindet sich ein solches Fragment, in dem es heißt: »Möge Jupiter verhüten, dass du deine Tätigkeit fortsetzt und womöglich noch weitere tollkühne Eingebungen von dieser Art hast, denn ich befürchte, du könntest dir damit große Unannehmlichkeiten einhandeln, die dich dein Leben lang verfolgen und unglücklich machen werden.«

Mit seinen revolutionären Reformprojekten erregte Gaius wie schon sein Bruder das Missfallen des Senats, und es dauerte nicht lange, bis sich die Geschichte wiederholte. In manchen Überlieferungen heißt es, er habe mit dem Schwert seines Sklaven Selbstmord begangen; mit ihm starben wiederum Tausende Anhänger.

Nach dem Tod ihrer geliebten Söhne mischte Cornelia selbst nach Kräften in der römischen Politik mit. Der Historiker Plutarch schrieb: »Es heißt, Cornelia habe sämtliche Schicksalsschläge mit Würde und Edelmut hingenommen und die heiligen Stätten, an denen ihre Söhne den Tod fanden, als angemessene Grabmäler für die dort Ruhenden bezeichnet.«

Die auf die Gracchen – und damit auch auf Cornelia – zurückgehende demokratische Bewegung wuchs und wurde schließlich das wichtigste politische Instrument zur Kontrolle der Mächtigen Roms.

Die Rose »Cornelia«

Rosentyp: Moschata-Hybride
Einführung: 1925
Züchter: Pemberton, Essex, Großbritannien
Abstammung: unbekannt

»Cornelia« gehört zu den hübschesten und robusteren Sorten von Pembertons Moschata-Hybriden. Ihre kleinen, festen Knospen öffnen sich zu flachen, etwas helleren kleinen Blüten, die in üppigen Büscheln auf elegant überhängenden Zweigen sprießen. Sie sind gelblich bis lachsrosa und betören mit ihrem intensiven Moschusduft.
»Cornelia« gedeiht, vorausgesetzt die Gegebenheiten lassen dies zu, gut als Kletterrose und bildet ansonsten hohe, wohlgeformte Sträucher, reich bestückt mit vielen hübschen, ledrig wirkenden kleinen Blättern, die im Austrieb bronzefarben und später von einem dunklen Grün sind. Das interessante weinrote Holz bildet einen aparten Kontrast zu den Blüten, die den Gärtner den ganzen Sommer über bis weit in den Herbst hinein erfreuen. Im Grunde genommen läuft »Cornelia« im Herbst erst so richtig zu Hochform auf. Sie gedeiht auch in schattigen Lagen und ist wie ihre klassischen Schwestern äußerst krankheitsresistent.
Ihr Züchter, Reverend Joseph Pemberton (1852–1926), war Vikar von Romford in Essex und beschäftigte sich zunächst nur in seiner Freizeit mit der Rosenzüchtung. Im Ruhestand gründete er mit seiner Schwester Florence eine Rosenschule. Gemeinsam schufen die beiden mit den Moschata-Hybriden eine ganz neue Rosengruppe, die dank ihrer intensiv duftenden, remontierenden Blüten bei Rosenzüchtern großen Anklang fand. Pemberton muss ein Fan der klassischen Mythologie gewesen sein, denn viele seiner Rosen sind nach klassischen Frauengestalten benannt. Er war außerdem ein Verfechter der minimalen Beschneidung, und wer bei »Cornelia« die Strategie »häufig, aber sparsam« verfolgt, wird von ihr mit opulentem Wuchs und vielen Blüten belohnt. Ihr umwerfender Duft entzückt jeden, der in ihre Nähe kommt. Sie gedeiht hervorragend als Hecke, klettert gern an Säulen empor, macht sich aber auch gut als Strauch, umgeben von einer bunten Mischung ganzjähriger Pflanzen. In unserem Garten gehört dieses Kleinod, mit dem Pemberton Cornelia Africana und ihren Söhnen ein Andenken gesetzt hat, unbestritten zu den absoluten Highlights.

Felicitas und Perpetua

Gestorben um 203 n. Chr.

Das Ungewöhnliche an dieser Rose ist die Tatsache, dass sie nach zwei Personen benannt ist – nach den Zwillingen Félicité und Perpétue Jacques, den Töchtern des Rosenzüchters Antoine Jacques, der auf Château de Neuilly Gärtner war. Das Schloss gehörte Ludwig Phillip I., dem Herzog von Orléans (1773–1850), der Frankreich als »Bürgerkönig« von 1830 bis 1848 regierte. Über die Zwillinge ist nichts weiter bekannt, als dass sie am 7. März 1827 zur Welt kamen.

Sie wurden nach zwei christlichen Heiligen benannt, die vor ungefähr 2000 Jahren einen grausamen Märtyrertod starben. Ort des Geschehens war Karthago, eine damals von den Römern kontrollierte Stadt im heutigen Tunesien.

Traditionellerweise benannte Antoine Jacques die neuen Sämlinge nach den Familienangehörigen des Schlossherrn, doch als seine Frau schwanger war, machte er eine Ausnahme und beschloss, dass ausnahmsweise sein Kind als Namenspatron fungieren sollte.

Als seine Gattin dann überraschend nicht einem, sondern zwei Kindern das Leben schenkte, stand Jacques vor einem Problem. Er beschloss kurzerhand, die Rose nach beiden Töchtern zu benennen. Diese trugen die Namen der Heiligen Felicitas und Perpetua, deren am 7. März gedacht wird. Die Familie Orléans verfügte über Verbindungen nach Karthago und hatte dort eine Kapelle gestiftet. Es ist anzunehmen, dass Jacques auf diese Weise auf die beiden Heiligen aufmerksam wurde.

Felicitas und Perpetua fielen der Christenverfolgung durch den römischen Kaiser Septimius Severus (145–211) zum Opfer. Sie mussten sterben, weil sie sich geweigert hatten, die römischen Götter anzubeten und ihnen Opfer darzubringen. Ihre Erfahrungen und Visionen werden in »Die Leidensgeschichte der Heiligen Perpetua und Felicitas« geschildert, einem Text, den Perpetua gemeinsam mit Saturus, einem weiteren Angeklagten, in der Gefangenschaft verfasst haben soll. Ergänzt wird er durch einen Augenzeugenbericht über ihren Tod. Die Leidensgeschichte ist sowohl auf Griechisch als auch auf Lateinisch überliefert und wird von Wissenschaftlern für authentisch gehalten. Sollte sie wirklich aus der Feder der jungen Aristokratin stammen, so wäre dies der erste Text, der von einer Christin stammt. Perpetua war damals 22 Jahre alt und Mutter eines Säuglings.

Vibia Perpetua und ihre Sklavin Felicitas, die damals im achten Monat schwanger war, wurden verhaftet und gemeinsam mit einem weiteren Sklaven und zwei freien Männern eingekerkert; später kam auch noch Saturus dazu. Erst im Gefängnis ließen sie sich taufen. Die Leidensgeschichte beschreibt zunächst Perpetuas Auseinandersetzungen mit ihrem

Vater, der versuchte, seine Tochter vom christlichen Glauben abzubringen. Anschließend beschreibt sie die brutalen Misshandlungen durch die Wachen und wie die Sorge um ihr Kind sie quälte.

»Tertius und Pomponius, zwei gütige Diakone, die uns beistanden, erwirkten mithilfe von Bestechungsgeldern, dass wir für ein paar Stunden in einen weniger überfüllten Teil des Gefängnisses gebracht wurden, damit wir uns erfrischen konnten. Das taten wir dann, und ich gab meinem Kind, das schon ganz schwach vor Hunger war, die Brust«, heißt es in dem bewegenden Bericht.

Im Gefängnis hatte Perpetua Visionen von einer bronzefarbenen Leiter, die in den Himmel hinaufführte und vorn und hinten mit Schwertern und Speerspitzen versehen war. »Und ich stieg hinauf, und ich sah einen riesigen Garten, und in der Mitte saß ein weißhaariger Mann von großer Gestalt in Schäferkleidung, der seine Schafe molk, und um ihn herum standen Tausende in Weiß Gekleidete.«

Auf dem Forum, einem offenen Platz, wurde den Angeklagten der Prozess gemacht. Alle sechs bekannten sich schuldig. Perpetuas Vater wollte seine Tochter erneut bewegen, ihrem Glauben abzuschwören, wurde jedoch auf Anweisung eines römischen Prokurators niedergeschlagen.

Man beschloss, dass Perpetua, Felicitas und ihre Glaubensbrüder im Rahmen der Feierlichkeiten zum Geburtstag von Geta, dem Sohn des Septimius, in der Arena den wilden Tieren vorgeworfen werden sollten, und sie fügten sich ohne Murren ihrem Schicksal. Aus Idealismus, Gläubigkeit und Loyalität mit ihren Leidensgenossen fürchtete Felicitas schon, allein sterben zu müssen, da gemäß römischem Recht Schwangere nicht getötet werden durften, doch kurz vor den Spielen kam das Kind zur Welt. Einem Augenzeugenbericht zufolge soll Felicitas das Amphitheater fröhlich singend betreten haben, und auch die edelmütige Perpetua sei bei klarem Verstand gewesen, furchtlos und frohgemut.

Nachdem die beiden Frauen von einer wilden Kuh angegriffen, aber nur verletzt worden waren, befahl man den Wachen, ihnen den Todesstoß zu versetzen. Perpetua zog nach der Attacke ihr zerrissenes Gewand zurecht, sodass es züchtig ihre Oberschenkel bedeckte, und brachte ihr Haar in Ordnung, selbst im Tod auf eine sittsame Erscheinung bedacht, wie es sich für eine Aristokratin geziemte. Als der unerfahrene Henker seiner Aufgabe nicht gleich nachkam, nahm sie ihm sogar die Waffe aus der Hand und führte sich die Klinge selbst an die Kehle. Wie Felicitas zog diese Mutter es vor, für ihren Gott zu sterben, statt für ihr Kind zu leben.

FOLGENDE SEITE:
Das Gemälde *Die Christen werden den wilden Tieren vorgeworfen* (19. Jh.) von Louis Félix Leullier (1811–1882) zeigt, welch grausames Schicksal Felicitas und Perpetua nach der Verurteilung durch den römischen Senat ereilte.

Die Rose
»Félicité-Perpétue«

Rosentyp: Sempervirens x Noisette
Einführung: 1827
Züchter: Jacques, Orléans, Frankreich
Abstammung: unbekannt

»Félicité-Perpétue« ist eine Rose, die auch eine etwas nachlässigere Behandlung aushalten kann. Wer sie einmal in voller Blüte erlebt hat, wird den Anblick nicht mehr vergessen. Ihre pomponartigen blassrosa Blüten sind klein, aber dicht gefüllt und erscheinen in Büscheln, die praktisch den gesamten Strauch bedecken. Ihre einnehmendste Eigenschaft ist in meinen Augen ihr berauschender Moschusgeruch, von dem manche allerdings sagen, er erinnere an Primeln.

Anzutreffen ist die unverwüstliche »Félicité-Perpétue« in Hecken, zwischen Ruinen und in ländlichen Gärten, wo sie regelrecht wuchert. Im neuseeländischen Klima trägt sie das gesamte Jahr über ihr dunkelgrünes, glänzendes Laub; die kleinen Blätter sind im Austrieb pflaumenfarbig. Lässt man diese Rose nach Belieben wachsen und wuchern, so erobert sie im Nu Mauern und Bäume und belohnt die ihr gewährte Freiheit großzügig – gegen ihre Ranken und Stacheln hätten nicht einmal die wilden Tiere von Karthago etwas ausrichten können. Antoine Jacques verband den Doppelnamen dieser Rose übrigens stets mit einem Bindestrich, niemals mit einem »et«.

Rosamund de Clifford

Um 1140–1176

Viele Legenden ranken sich um Rosamund, die schöne Mätresse des englischen Königs Heinrich II. (1133–1189), und darum, wie die Blume, die man heute als »Rosa mundi«, »die Rose der Welt«, kennt, zu ihrem Namen kam. In der am weitesten verbreiteten Version der Geschichte heißt es, Heinrichs Gemahlin, die listige Königin Eleonore von Aquitanien (1122–1204), habe ihre junge Rivalin ermordet.

Königin Eleonore war bekannt für ihre Gerissenheit, und sie war auch schon vor ihrer Vermählung mit Heinrich eine einflussreiche, privilegierte Frau von hohem Rang. Angeblich ließ Heinrich für seine Mätresse auf dem Gelände des königlichen Palasts in Woodstock einen Irrgarten erbauen, um seine Liaison geheim zu halten. Just in diesem Irrgarten soll die erzürnte Königin Rosamund aufgesucht und vor die Wahl gestellt haben, ob sie lieber einen raschen Tod durch Gift sterben wollte oder einen langsameren durch die Klinge eines Messers. Rosamund soll sich für das Gift entschieden haben.

Heinrich war untröstlich, als er vom Tod seiner Geliebten erfuhr. Er pflückte eine der hübschen gestreiften Rosen, die in der Nähe des Irrgartens wuchsen, und ordnete an, dass sie nach der schönen Rosamund benannt werden sollten. Außerdem ließ er alljährlich an ihrem Todestag ihr Grabmal mit den Blüten des Strauchs schmücken.

Diese romantische Geschichte ist natürlich nicht mehr als eine Legende – es liegen uns keine Beweise dafür vor, dass es in Woodstock je einen Irrgarten gab. Vielmehr entspringen all diese Schilderungen der Fantasie von Dichtern wie etwa Thomas Delaney, der Rosamund im 16. Jahrhundert in seiner *Ballad of Fair Rosamund* als tugendhafte, begabte, aber leider in falsche Gesellschaft geratene junge Frau beschrieb. »Ein süßeres Geschöpf hielt kein Prinz je in seinen Armen«, schreibt er. Jahrhundertelang wurde diese Legende ausgeschmückt, und besonders die Lyriker und Schriftsteller der Romantik, darunter Algernon Swinburne und Baron Alfred Tennyson, vermischten Mythos und Realität.

Tatsache ist, dass Rosamund eine Tochter des anglonormannischen Ritters Sir Walter de Clifford war und um 1165 die Geliebte von Heinrich II. wurde. Möglicherweise lernte sie den König auf der Festung ihres Vaters in Bredelais an der walisischen Grenze kennen. Laut Heinrichs Kaplan Gerald von Wales, einem Geistlichen und Schriftsteller, der auch unter dem Namen Giraldus Cambrensis bekannt ist, war Rosamund zu

Die schöne Rosamund in ihrer Laube (um 1854). Ausschnitt eines Gemäldes von William Bell Scott (1811–1890).

Beginn ihrer Liaison mit dem König noch sehr jung. Allerdings ist ihr genaues Geburtsdatum umstritten, und falls sie um 1140 geboren wurde, wäre Rosamund zu diesem Zeitpunkt bereits Mitte zwanzig gewesen. Jedenfalls entspann sich eine tiefe, lang andauernde Liebesbeziehung, die beinahe zehn Jahre geheim gehalten wurde, wobei unklar ist, wie viel Zeit Heinrich wirklich mit Rosamund verbracht hat, befand er sich doch damals meist außer Landes.

Als sich Heinrich II. im Jahre 1174 öffentlich zu seiner Mätresse bekannte, machte Gerald von Wales kein Hehl aus seiner Missbilligung: »Der König, der lange ein heimlicher Ehebrecher war, geht nun mit seiner Mätresse hausieren. Sie ist keine Rose der Welt (rosa mundi), wie manch aufgeblasener Dummkopf sie nannte, sondern eine Rose der Unkeuschheit (rosa immundi). Und da sich die Welt am Vorbild eines Königs orientiert, hat er nicht nur mit seinem Verhalten gegen die guten Sitten verstoßen, sondern vor allem ein schlechtes Beispiel abgegeben.«

Anders als die Legenden besagen historische Quellen, dass die respekteinflößende Königin Eleonore von Aquitanien zu der Zeit, als die Öffentlichkeit von der Affäre zwischen Heinrich und Rosamund erfuhr, hinter Gittern saß und gar keine Möglichkeit hatte, sich frei zu bewegen. In den 15 Jahren ihrer Gefangenschaft wurde sie an immer neue Orte verlegt. Man warf ihr vor, sie habe ihre Söhne zum offenen Widerstand gegen ihren Ehemann angestiftet. Dass sie sich gegen Heinrich auflehnte, war jedoch wohl weniger eine Reaktion auf seinen Seitensprung als der Versuch, ihren Anspruch auf Ländereien und Titel durchzusetzen.

Rosamund zog sich irgendwann zwischen 1174 und 1176 in das Kloster Godstow vor den Toren von Oxford zurück, vielleicht, weil sie ihre Liaison mit Heinrich bereute; wahrscheinlicher jedoch, weil sie schwer erkrankt war. Als sie 1176 starb, ließen der König und ihre Familie sie im Rahmen einer feierlichen Beisetzung beerdigen. Ihr prachtvoll gestaltetes Grabmal befand sich in der Godstow Abbey, in unmittelbarer Nähe des Hochaltars. Im Jahre 1191 äußerte Bischof Hugo von Lincoln sein Missfallen über diese Ruhestätte für »eine Ehebrecherin«, worauf Rosamunds sterbliche Überreste auf den Friedhof neben dem Kapitelhaus verlegt wurden. Der Grabstein wurde mit einer wenig schmeichelhaften Inschrift versehen, wie Ranulf Higden, ein Benediktinermönch und Chronist aus dem 14. Jahrhundert, zu berichten weiß:

»Hic jacet in tumba rosa mundi, non rosa munda; Non redolet, sed olet, quare redolere solet.«

»Hier ruht die Rose der Welt; Sie duftet nicht, riecht nach Verwesung, sie, deren Wesen Duft verhieß.«

Die Rose »Rosa mundi«

Rosentyp: Gallica
Einführung: vor dem 16. Jh.
Abstammung: Sport (Zufallsmutation) von *Rosa gallica officinalis*
Alternative Bezeichnung: *Rosa gallica* »Versicolor«

Eine sehr auffällige Rose mit atemberaubend schönen und doch schlichten gestreiften Blüten, die bis heute nichts von ihrer Faszination eingebüßt hat, wobei der Farbkontrast dezenter ist als bei vielen der modernen gestreiften Rosen. Aus den dicken Knospen bilden sich locker gefüllte Blüten, in deren Zentrum ein dickes Büschel goldgelber Staubgefäße prangt. Die seidigen Blütenblätter sehen aus, als hätte man die Farben – Elfenbeinweiß und ein kräftiges Karminrosa – sorgfältig mit einem Pinsel aufgetragen. »Rosa mundi« blüht nur einmal jährlich, dafür aber über einen sehr langen Zeitraum, es besteht also kein Grund, ihr diese Eigenschaft übel zu nehmen. In unserem Garten in Neuseeland, wo wir von Dezember bis Februar sommerliche Temperaturen genießen, blüht sie bis nach Weihnachten.

Ihre Blätter sind klein, rundlich und hellgrün; die Stiele weisen kaum Stacheln auf, biegen sich allerdings häufig unter dem Gewicht der Blüten. Als Strauch erreicht sie eine geringe Höhe, eignet sich jedoch hervorragend als kleine Hecke. Diese Rose gedeiht selbst auf sehr kargen Böden und bildet, wenn man sie als Steckling zieht, viele Wurzelschösslinge.

Ihr Ursprung ist in Vergessenheit geraten. Sie entstand durch Mutation aus Rosa gallica officinalis, auch »Apothekerrose« genannt, und ist wie diese eine der ältesten und am besten bekannten Gallicas. Die »Apothekerrose« machte die Stadt Provins in der Nähe von Paris zum florierenden Zentrum der Rosenverarbeitung und Parfumherstellung. Anfang des 19. Jahrhunderts avancierte der berühmte französische Züchter Jean-Pierre Vibert zu einem der bedeutendsten Lieferanten von Gallica-Rosen. Bei Rosa gallica »Versicolor« (in England auch Rosa mundi) handelt es sich um einen sogenannten Sport, also eine Zufallsmutation von Rosa gallica officinalis. Das erste schriftlich belegte Vorkommen einer durch natürliche genetische Mutation entstandenen mehrfarbigen Blüte auf derselben Pflanze muss im 16. Jahrhundert eine Sensation gewesen sein. Man nimmt jedoch an, dass die karminrot gestreifte Rose im Nahen Osten bereits bedeutend früher existierte und von Kreuzrittern importiert wurde.

D essire charlés
de bloie se tra
y ouve le chas
tel damroy et
l assetta line et
ses gens plusieurs soie le fist
assaillir et escarmucher anau
eulx de dedens se deffendi

rent moult vaillamment car
ilz estoient environ deux cens
compaignons habilles et le
ttes et auec deux cheualiers
du pais vaillans hommes
et hardis qui en estoient
capitaines ☞ Daultre part
pied la bonne ville de dynad

Johanna von Flandern (frz. Jeanne de Montfort)

Um 1295–1374

D ie Schrecken des Krieges und der Pest kosteten im Laufe des verhängnisvollen 14. Jahrhunderts viele Heldinnen und Helden das Leben – unter diesen war auch die temperamentvolle Gattin von Herzog Johann IV. (1295–1345).

Johanna von Flandern, benannt nach ihrem Großvater Robert III. von Flandern, war die Tochter von Johanna, Gräfin von Rethel, und Ludwig I., Graf von Nevers. Im Jahre 1329 ehelichte sie Johann IV., den Grafen von Montfort-l'Amaury, der im Jahr 1341 – nach dem Tod seines Halbbruders Herzog Johanns III. – Anspruch auf die Herrschaft über die Bretagne erhob. Er löste damit den Bretonischen Erbfolgekrieg (1341–1364) aus, in dessen Verlauf sich Johanna von Flandern als hartnäckige Widersacherin ihrer Namensvetterin Johanna von Dreux, Gräfin von Penthièvre und Goello, erwies. Diese war die Tochter des jüngeren Bruders von Herzog Johann III. und hatte mit ihrem Ehemann, dem asketischen Karl von Blois, genannt der Selige, die Herrschaft über die Bretagne an sich gerissen.

Johanna von Dreux wurde vom französischen Hochadel unterstützt, die Montforts dagegen von Vertretern des Niederadels sowie von einigen Bischöfen und der Mehrheit des Volkes. Die Montfort-Partei hatte außerdem einen Verbündeten im englischen König Eduard III.

Nach der Belagerung von Nantes und der Kapitulation wurde Herzog Johann IV. im November 1341 von den Franzosen gefangen genommen und in Paris eingekerkert. Die unermüdliche Johanna von Flandern setzte sich höchstpersönlich für ihren Gatten und seine Mission ein, »mit dem Mut eines Mannes und dem Herzen eines Löwen«, so der mittelalterliche Chronist Jean Froissart (um 1337–1405). Mit ihrem Söhnchen auf dem Arm trat sie vor die Anhängerschaft der Montforts und forderte sie auf, mit vereinten Kräften für den jungen Thronerben zu kämpfen. Sie führte die Armee ihres Gatten aufs Land, um dort ihre Truppen zu verstärken. Hoch zu Ross zog sie von Stadt zu Stadt, trommelte Männer zusammen, sammelte Waffen, verstärkte Garnisonen und kümmerte sich um die Finanzierung des Solds.

Johanna verlegte ihr Hauptquartier nach Hennebont und spielte eine entscheidende Rolle bei der heldenhaften Verteidigung dieser strategisch wichtigen Stadt. Während der Belagerung durch Karl von Blois

Diese Seite aus den *Chroniken von England* von Jean de Wavrin (um 1400 – um 1474) zeigt Johanna von Flandern mit den Frauen von Hennebont und die Schiffe mit der Armee von Karl von Blois, die 1342 die Stadt belagerte.

mobilisierte sie sogar die weibliche Bevölkerung und befahl den Frauen, die Stadtmauern mit behelfsmäßigen Geschossen zu verteidigen. In voller Rüstung und mit dem taktischen Geschick eines erfahrenen Generals führte sie an der Spitze von 300 Reitern einen Ausfall. Der Überraschungsangriff der Montfort-Truppen auf das Feldlager von Karl von Blois, im Zuge dessen Karls Quartier in Brand gesteckt wurde, brachte Johanna den Beinamen »La Flamme« ein.

Da ihren Truppen der Rückweg abgeschnitten war, führte sie sie anschließend weiter nach Brest. Froissart schildert die Ereignisse folgendermaßen: »In Brest brachte es die Gräfin dank ihrer Umtriebigkeit auf 500 Speere. Gegen Mitternacht verließ sie Brest, und bei Sonnenaufgang näherte sie sich mit ihrer Armee der Stadt Hennebont. Man öffnete eines der Stadttore für sie, und durch dieses ritt sie mit ihrem gesamten Gefolge unter lauten Trompetenstößen in die Stadt.« Mithilfe dieser Verstärkung hielt Hennebont der Belagerung stand, bis die Schiffe der englischen Verbündeten eintrafen.

Im Jahre 1343 wurde ein kurzer Friedensvertrag geschlossen. Johann IV. kam frei, und Johanna segelte mit ihm und ihrem Sohn, der ebenfalls Johann hieß, nach England, wo sie bei Eduard III. Zuflucht und Unterstützung fanden. Johann IV. versuchte noch, eine Wende für die Montfort-Partei herbeizuführen, starb jedoch 1345.

Der anschließende Thronfolgekrieg dauerte bis 1364. Erst dann gelang es seinem nach Frankreich zurückgekehrten Sohn, die verbliebenen Truppen von Johanna von Dreux mit der Unterstützung der englischen Verbündeten vernichtend zu schlagen. Karl von Blois fiel auf dem Schlachtfeld vor den Toren der Stadt Auray. Im Jahre 1365, als Johannas Sohn, genannt Johann der Eroberer oder der Tapfere (1339–1399), unter dem Schutz des englischen Königs Eduard III. zum Herzog der Bretagne gekrönt wurde, kehrte endlich der Frieden im Land ein. Die furchtlose Mutter fand allerdings angeblich ein eher unrühmliches Ende: Es heißt, sie sei dem Wahnsinn verfallen. Seit etwa 1345 wurde sie auf Tickhill Castle in Yorkshire, England, festgehalten und verbrachte dort als gebrochene Frau die letzten dreißig Jahre ihres Lebens.

Die Rose »Jeanne de Montfort«

Rosentyp: Moosrose
Einführung: 1851
Züchter: Robert, Angers, Frankreich
Abstammung: unbekannt

»Jeanne de Montfort« ist eine der robusteren Moosrosensorten. Lässt man sie frei wachsen, so wird aus ihr ein hoher Strauch oder eine Kletterpflanze. Wie ihre eigensinnige Namenspatronin ist sie äußerst

wehrhaft – ihre Stiele sind mit bräunlichen, moosähnlichen Drüsenhaaren und scharfen Stacheln überzogen, die einen reizvollen Kontrast zu den leicht glänzenden, mittelgrünen Blättern bilden.

Die Blüten sind von einem warmen Rosarot und erscheinen in großen Dolden; die festen kleinen Knospen haben lange, dicht bemooste Kelchblätter. Die süß duftenden Blüten sind etwas weniger als doppelt gefüllt und enthüllen, wenn sie ganz geöffnet sind, leuchtend gelbe Staubblätter. Ein weiterer Pluspunkt dieser Sorte ist die Tatsache, dass sie im Gegensatz zu ihren normalerweise nur einmal blühenden Art-

genossinnen im Herbst remontiert, also nachblüht. Eine exquisite Rose, die leider viel zu wenig bekannt ist.

Viele Moosrosen des französischen Gärtners und Rosenzüchters Robert sind nach berühmten französischen Persönlichkeiten benannt. Neben Johanna von Flandern dürfte auch Marie von Blois (um 1426–1486) als Patin für eine seiner Züchtungen gedient haben. Beide Frauen lebten in einer für Frankreich äußerst turbulenten Epoche, und beide standen mit den Familien de Blois und Orléans in Verbindung.

Von »Monsieur Robert«, dem Züchter, ist uns nur der Nachname bekannt. Er arbei-

tete als Gärtner für Jean-Pierre Vibert, der seinerseits ein angesehener und erfolgreicher Züchter war, und kaufte schließlich dessen Baumschule. Damit war der Grundstein für die Züchterdynastie Moreau-Robert gelegt, die auf Moosrosen spezialisiert war und zwischen 1850 und 1890, als diese Sorte im wahrsten Sinne des Wortes eine Blütezeit erlebte, über 150 verschiedene Moosrosen auf den Markt brachte. Gegen Ende des 19. Jahrhunderts begann die Popularität der Moosrosen zu schwinden; heute sind nur noch wenige Sorten im Handel erhältlich.

esse du saint
esperit pour tres
excellente et

Jolanthe von Aragón (frz. Yolande d'Aragon)

1380–1442

Jolanthe von Aragón, die »Königin der vier Königreiche« und Herzogin von Anjou, galt im 15. Jahrhundert über vierzig Jahre lang als Schlüsselfigur der Geschichte Europas. Doch blieben ihre Fähigkeiten und ihr Einfluss weitgehend verkannt, und ihre Verdienste wurden in den Schatten gestellt von jener Frau, für die sie sich starkgemacht hat: Jeanne d'Arc, die Jungfrau von Orléans.

Als Tochter des aragónesischen Königs Johann I. und dessen Gemahlin Violante von Bar war Jolanthe bereits eine Frau von Rang und Namen, als sie im Jahre 1400 Ludwig II. von Anjou (1377–1414) ehelichte, der auch Titularkönig von Neapel und Sizilien war. Mit der Eheschließung erwarb sie weitere Titel. Sie galt als scharfsinnig und weise, und man sagte ihr ein gutes Händchen für das politische Geschäft und vor allem für die mit diesem verbundenen Intrigen nach. Das Paar hatte fünf Kinder, und ihre Tochter Marie wurde später durch Heirat Königin von Frankreich.

In der Abwesenheit ihres Gatten, der sich meist auf dem Schlachtfeld aufhielt, nahm Jolanthe die mannigfaltigen Interessen des Hauses Anjou wahr und sorgte dafür, dass die Zukunft ihrer Kinder gesichert war. Nach seinem Tod übernahm die nur dreißig Jahre alte Jolanthe stellvertretend für ihren Sohn Ludwig III. das Zepter und verteidigte im Verlauf des Hundertjährigen Krieges (1337–1453) das Haus Anjou gegen die Angriffe der Engländer. Zur weiteren Sicherung des Familienvermögens vermählte sie ihre Tochter Marie mit Karl VII. aus dem Hause Valois (1403–1461). Auf diese Verbindung ist nicht nur Jolanthes persönliches Engagement für das Fortbestehen der Valois-Dynastie als Herrscher von Frankreich zurückzuführen, sondern auch der Kontakt zu Johanna von Orléans.

Karls Vater, König Karl VI. (1368–1422), litt unter Wahnvorstellungen, und das Machtvakuum, das dabei entstand, entfachte zwischen den diversen, um die Herrschaft kämpfenden Parteien zahlreiche Fehden und Konflikte. Karl war der fünfte Sohn, wurde jedoch nach dem frühen Tod seiner älteren Brüder im Jahr 1417 Dauphin, also Kronprinz. Jolanthe hatte ihn am Hof in Angers unter ihre Fittiche genommen, sie bewahrte ihn vor den zahlreichen Intrigen derjenigen, die ihm nach dem Leben trachteten, und übernahm ihm gegenüber die Mutterrolle. Seine leibliche Mutter, Königin Isabeau de Bavière (auch Elisabeth von Bayern), behauptete, Karl sei unehelich gezeugt worden,

Jolanthe von Aragón und ihre Kinder knien vor einem Bildnis der Jungfrau Maria mit dem Christuskind. Aus dem Eid- und Gründungsbuch der königlichen Kapelle von Gué de Maulny (14.–17. Jh.).

sie wandte sich gegen ihn und seine Anhänger und fädelte 1420 die Unterzeichnung eines Bündnisses mit dem englischen König Heinrich V. (1387–1422) ein. Jolanthe dagegen sorgte für die Sicherheit ihres künftigen Schwiegersohnes und beschützte ihn vor seiner Mutter.

Sie setzte ihre beträchtlichen intellektuellen und finanziellen Mittel für seine Sache ein und weigerte sich, ihn Isabeau auszuliefern. »Wir haben ihn nicht genährt, gehegt und gepflegt, damit Ihr ihn sterben lasst wie seine Brüder oder ihn in den Wahnsinn treibt wie seinen Vater oder einen Engländer aus ihm macht, so wie Ihr selbst zur Engländerin geworden seid. Ich werde ihn behalten. Kommt und nehmt ihn mir weg, so Ihr es wagt«, wird Jolanthe von Jehanne d'Orliac, einer Schriftstellerin des 20. Jahrhunderts, in ihrem Werk *Yolande d'Anjou* zitiert. Im Jahr 1422, ein Jahr nach dem Tod von Karl VI., fand die Vermählung des Dauphins mit Jolanthes Tochter Marie statt.

Einen Platz in der Geschichte sicherte ihr dann allerdings die Tatsache, dass sie sich schon früh für Johanna von Orléans eingesetzt hat. Sie spielte eine zentrale Rolle bei der Inszenierung von Johannas erstem Erscheinen auf der politischen Bühne, sie bereitete Johanna von Orléans auf ihre Rolle als Abgesandte Gottes vor und machte sie zur Galionsfigur einer Kampagne, deren Ziel es war, Karl zum König von Frankreich zu krönen. Auch leitete sie die Untersuchungskommissionen, vor denen Johanna ihre Keuschheit unter Beweis stellen musste. Historischen Aufzeichnungen zufolge »kamen Jolanthe und ihre Hofdamen zu dem Schluss, dass Johanna eine rechtschaffene und unbefleckte Jungfrau, frei von Anzeichen der Verderbnis oder Gewalt, war«. Im Zuge der Vorbereitungen auf ihre Rolle im Krieg gegen die Engländer war Johanna sogar eine Weile bei einem von Jolanthes getreuen Beratern untergebracht. Nachdem Karl VII. im Jahre 1429 zum König gekrönt worden war, unternahmen allerdings weder er noch Jolanthe den Versuch, Johanna, die inzwischen gefangen genommen und an die Engländer ausgeliefert worden war, zu retten.

Der politische Einfluss von Jolanthe von Aragón in der ersten Hälfte des 15. Jahrhunderts war also beträchtlich. Geradezu meisterhaft beherrschte sie die Kunst der pragmatischen Diplomatie und bediente sich bei der Umsetzung ihrer Pläne der Hilfe von Mätressen und Informanten. Ihre Unterstützung für Johanna von Orléans war eine regelrechte *tour de force* mit dem Ziel, Frankreich Stabilität zu bescheren und ihren Schwiegersohn Karl VII. auf den Thron zu bringen. Jolanthes Enkel, König Ludwig XI. von Frankreich, äußerte sich anerkennend über ihre Willensstärke und ihren Charakter: Seiner Ansicht nach hatte sie »eines Mannes Herz in einem Frauenkörper«.

Die Rose »Yolande d'Aragón«

Rosentyp: Remontant-Rose
Einführung: 1843
Züchter: Vibert, Angers, Frankreich
Abstammung: unbekannt

Diese Rose steht der legendären Jolanthe in puncto Schönheit in nichts nach. Ihre aparten geviertelten Blüten sind flach, außergewöhnlich groß und dicht gefüllt und wachsen in Büscheln auf einem aufrechten Strauch. Die Farbe der unzähligen, teils gefälteten Kronblätter variiert von kräftigem Rosa bis hin zu einem dunklen Malventon. »Yolande d'Aragón« verströmt einen himmlischen, »langanhaltenden und betörenden« Duft.

Der robuste, kräftige Strauch ist üppig mit mattem, hellgrünem Blattwerk bestückt. Mit etwas Pflege über den Sommer, gutem Wasser und Dünger kann im Herbst ein zweiter Flor erzielt werden. Obwohl es sich eindeutig um eine Gallica handelt, gezüchtet von Jean-Pierre Vibert, dem Experten für Gallica-Rosen, wird »Yolande d'Aragón« zuweilen auch den Damaszener-Rosen oder Portland-Rosen zugeordnet. Vibert wuchs während der Französischen Revolution in Paris auf, zu einer Zeit, als dort Angst und Schrecken herrschten. Im Jahre 1839 ließ er sich in der Rosenzüchterregion von Anjou, der ehemaligen Machtbasis von Jolanthe von Aragón, nieder. Abgesehen von »Yolande d'Aragón« schuf er gemeinsam mit seinem Protegé Robert noch viele weitere exquisite Rosen, von denen er etliche dem Andenken an die zahlreichen mächtigen Herrscher widmete, die vier Jahrhunderte zuvor in dieser Gegend regiert hatten. Vibert machte sich vor allem mit seinen Gallica-Rosen einen Namen, konnte aber auch mit der erfolgreichen Züchtung vieler anderer alter Sorten aufwarten. Als er im Alter von 89 Jahren starb und der Welt unzählige prachtvolle, sinnliche Rosen hinterließ, schrieb einer seiner Zeitgenossen: »Wir sollten sein Grabmal mit unserer Anerkennung und unserem Respekt bekränzen.«

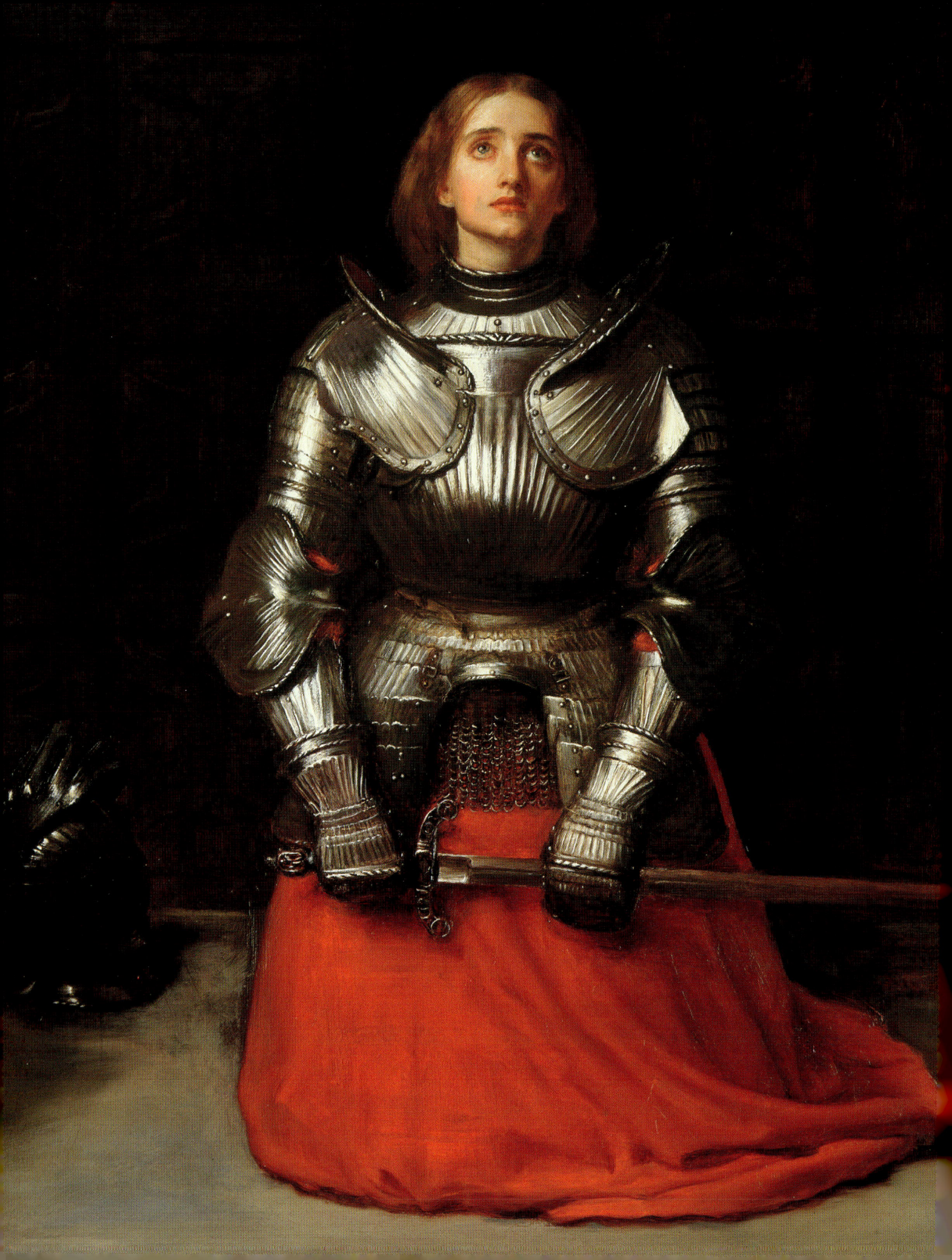

Johanna von Orléans (frz. Jeanne d'Arc)

Um 1412–1431

Jeanne d'Arc, die Jungfrau von Orléans, auf Französisch einfach »La Pucelle«, »die Jungfrau«, genannt, inspiriert die Menschen seit Jahrhunderten. Meist wird sie als 17-jähriges Mädchen in weißer Rüstung mit Schwert in der Hand dargestellt, das auf einem Schimmel reitend die Armee des Dauphins Karl VII. (1403–1461) in die Schlacht führt. Johanna von Orléans wurde für die Franzosen zum Symbol für Einigkeit und Courage, und sie sind bis heute stolz auf ihre Nationalheldin.

Historischen Quellen zufolge wurde Johanna in einem Dorf namens Domrémy an der damaligen nordöstlichen Grenze Frankreichs geboren. Die Tochter eines Bauern und einfachen Beamten konnte weder lesen noch schreiben. Sie lebte zur Zeit des Hundertjährigen Krieges (1337–1453), während dessen Frankreich und England um den französischen Thron rangen. Im Jahre 1420 ging mit dem Abschluss des Vertrags von Troyes ein Gutteil von Frankreich an den englischen König Heinrich V. über, der von den Burgundern unterstützt wurde.

Was über Johannas erste Lebensjahre bekannt ist, erschließt sich uns in erster Linie aus zwei Sammlungen von Aufzeichnungen. Zum einen ist dies die Dokumentation des Prozesses, der 1431 zu Johannas Verurteilung führte, zum anderen sind es Berichte über den Rehabilitierungsprozess, der 1450 begann. In diesen Schriftstücken findet man auch Johannas Schilderung ihres Lebens. Nach eigener Aussage beherrschte sie die traditionellen weiblichen Fertigkeiten wie Nähen und Spinnen, wusste aber auch mit dem Pflug umzugehen und hatte oft bei der Ernte geholfen und das Vieh gehütet.

Im Alter von 13 Jahren begann sie geheimnisvolle Stimmen zu hören, von denen sie glaubte, sie würden ihr Botschaften Gottes übermitteln. »Sie hörte eine Stimme von der rechten Seite und nahm dabei zumeist ein Licht wahr … Und nachdem sie die Stimme drei Mal gehört hatte, wurde sie gewahr, dass es ein Engel war, der da zu ihr sprach«, berichtet der Chronist Enguerrand de Monstrelet. Johanna meinte die Stimme des Erzengels Michael zu erkennen und hatte außerdem Visionen, in denen ihr die heilige Katharina und die heilige Margarete erschienen. Diese Stimmen erteilten ihr den Auftrag, die Engländer aus Frankreich zu vertreiben und dafür zu sorgen, dass der Dauphin in Reims zum König gekrönt werde. Karl VII., der seit dem Tod seines Vaters nominell König von Frankreich war, regierte tatsächlich aber lediglich über den südlich der Loire gelegenen Teil des Landes. Johanna von Orléans bezeichnete ihn stets als den Dauphin, also den Thronfolger, und bestand darauf, dass er sich wie alle französischen Könige in Reims krönen und zum König salben lassen sollte.

Johanna von Orléans beim Gebet, angetan mit Rüstung und Schwert. Ausschnitt aus *Johanna von Orléans* (1865) von Sir John Everett Millais (1829–1896).

Bis 1427 spitzte sich die Lage immer weiter zu. Orléans, die letzte strategisch bedeutsame Stadt, in der Karl noch loyale Anhänger hatte, wurde von den Engländern belagert.

Im Februar 1429 traf Johanna von Orléans am Hofe von Karl VII. in Chinon im Loiretal ein. Karl war zunächst nicht bereit, sie zu empfangen, doch nach zwei Tagen gewährte er ihr eine Audienz. Laut den Aufzeichnungen über diese erste Begegnung wurde Johanna dabei einer Prüfung unterzogen: Man stellte ihr mehrere Männer vor, bei denen es sich um den König handeln sollte, aber Johanna erkannte den hinter seinen Höflingen stehenden Karl VII. Karl wusste nicht recht, was er von dieser jungen Frau halten sollte, die mit dem ungewöhnlichen Ansinnen an ihn herangetreten war, seine Armee anführen zu wollen. »Edler Dauphin«, soll Johanna laut der Zeugenaussage ihres Beichtvaters, Pater Jean Pasquerel, zu Karl gesagt haben. »Man nennt mich Johanna, die Jungfrau von Orléans, und der himmlische Herrscher lässt Euch durch mich wissen, dass man Euch in der Stadt Reims krönen und zum König salben wird.« Da er an ihrer Aufrichtigkeit und ihrem geistigen Zustand zweifelte, ließ Karl sie von einer kirchlichen Kommission untersuchen und trug Jolanthe von

---

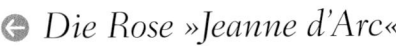 Die Rose »Jeanne d'Arc«

Rosentyp: Alba-Rose
Einführung: 1818
Züchter: Vibert, Angers, Frankreich
Abstammung: Sämling von
»Belle Elisa«

Gleich drei Rosen wurden nach der Bauerntochter, Söldnerin und späteren Heiligen aus Domrémy benannt. Die Alba ist die bekannteste und außerdem die einzige, die heute noch angepflanzt wird. Bei den anderen beiden handelt es sich um eine Noisette-Rose von Verdier (1848) und eine Polyantha-Rose von Levavasseur (1909). »Jeanne d'Arc« hat dicke, elfenbeinfarbene Knospen, die sich zu mittelgroßen, jungfräulich weißen Blüten entfalten. Diese sind in der Mitte gekräuselt und verströmen einen kräftigen, süßen Duft. Sie erscheinen im Spätfrühling, gerade rechtzeitig, um die nun verblassende Farbenpracht der etwas früher blühenden Gallica-Sorten abzulösen.
Der Strauch ist dicht belaubt, die Blätter sind kräftig und matt blaugrün. »Jeanne d'Arc« zeichnet sich durch einen aufrechten, hohen Wuchs aus und reckt ihre langen Triebe stolz in die Höhe, ihrem Schöpfer entgegen. Sie ist gut bewehrt und

breitete sich in unserem Garten ungeniert aus. Die Stiele biegen sich, wenn sie in voller Blüte steht, anmutig unter dem Gewicht der elfenbeinfarbenen Knospen und der schneeweißen Blüten, die vor dem Hintergrund des dunklen Blattwerks gut zur Geltung kommen.
Die exklusiven Alba-Rosen haben gegenüber anderen einmalblühenden Rosen den entscheidenden Vorteil, dass sie sehr krankheitsresistent, robust und langlebig sind. Mit der Aura der Makellosigkeit, die sie umgibt, bezaubert »Jeanne d'Arc« zudem jeden Gärtner. Sie verleiht Rabatten einen romantischen Anstrich, lässt sie höher und stattlicher erscheinen und wirkt mit ihrem graugrünen oder leicht bläulich getönten Laub auch nach der Blüte noch interessant.
Historischen Aufzeichnungen zufolge war Jean-Pierre Vibert, ein gelernter Schuster aus Angers, nach Jacques-Louis Descemet (1761–1839) einer der ersten Rosenzüch-

ter in Frankreich, der zu kommerziellen Zwecken Rosen anbaute. Er zählte zu den anerkanntesten Rosenzüchtern seiner Zeit, und auch heute noch erfreuen sich viele seiner Züchtungen großer Beliebtheit.

Aragón, seiner Schwiegermutter und Protektorin, auf, ihre Jungfräulichkeit zu überprüfen. Johanna konnte die Kommission überzeugen, und man riet Karl, sie gewähren zu lassen. Mit ihrem weißen Banner, auf dem neben Engeln und einer weißen Taube auch Christus beim Jüngsten Gericht dargestellt war, machte sich Johanna im April 1429 an der Spitze der königlichen Armee auf den Weg nach Orléans, das noch immer von den Engländern belagert wurde.

Angesteckt von ihrem Enthusiasmus änderten die Franzosen ihre Taktik und drängten die Engländer immer weiter zurück, bis diese am 8. Mai ihre Belagerung beendeten und abzogen. Johanna soll eine sehr gute Reiterin gewesen sein und sich im Kampf wacker geschlagen haben; es heißt, den Umgang mit der Lanze habe sie hervorragend beherrscht. Bei einem Ausfall wurde sie von einem Pfeil getroffen, was sie jedoch nicht davon abhielt, den letzten Angriff trotzdem selbst anzuführen. Die Kunde von ihrer Heldenhaftigkeit und ihrer göttlichen Mission verbreitete sich wie ein Lauffeuer, stärkte die Kampfmoral der Franzosen und führte bei den Engländern schon bald zu einer abergläubischen Furcht vor dieser »Hexe«.

Nach Orléans konnte die französische Armee unter Johannas Führung noch eine Reihe weiterer Städte entlang der Loire zurückerobern, ehe sie den Engländern am 18. Juni bei Patay eine vernichtende Niederlage zufügte. Am 17. Juli 1429 wurde Karl mit Johanna an seiner Seite gekrönt und zum König von Frankreich gesalbt.

Trotzdem kämpfte sie im Namen des Königs weiter, bis sie bei einem Gefecht im Mai 1430 den Burgundern in die Hände fiel, die sie später an die Engländer auslieferten. Zu diesem Zeitpunkt wurde sie bereits in ganz Frankreich als Heldin verehrt, doch der undankbare König unternahm nicht einmal den Versuch, ihre Befreiung zu erwirken. Im Februar 1431 wurde Johanna wegen Ketzerei vor ein Kirchengericht gestellt und einem einmonatigen Verhör unterzogen. Die Aufzeichnungen über ihren Prozess belegen, dass sie die Inquisitoren mit geschickten Antworten auf die Fragen nach ihrem Glauben zu verblüffen wusste.

Nachdem sie schließlich doch ein Geständnis abgelegt hatte, das sie später aber widerrief, wurde sie zum Tode verurteilt. In einem Bericht heißt es, sie habe um ein Kreuz gebeten, das sie bis zu ihrem Tod stets bei sich tragen wollte. Am 30. Mai 1431 verbrannte man sie auf dem Marktplatz der Stadt Rouen auf dem Scheiterhaufen. Es waren keine zweieinhalb Jahre vergangen, seit sie zu ihrer Mission, der Befreiung Frankreichs, aufgebrochen war.

Zwanzig Jahre nach ihrer Gefangennahme ordnete Karl VII. einen Rehabilitationsprozess an, im Zuge dessen Johanna für unschuldig erklärt wurde. 1920 wurde sie von der katholischen Kirche heiliggesprochen.

Maria von Kleve (frz. Marie de Blois)

Um 1426–1486

Zwischen dem 12. und dem 15. Jahrhundert lebten mehrere Frauen, die unter dem Namen Marie de Blois bekannt wurden, darunter auch die Prinzessin Maria von Kleve, die im zarten Alter von 14 Jahren mit dem Hofpoeten Karl von Valois, Herzog von Orléans (1394–1465), vermählt wurde. Sie ist die ideale Namenspatin für die üppige pinkfarbene Rose »Marie de Blois«.

Als Zeitgenössin von Johanna von Orléans lebte Maria von Kleve in einer von den Wirren des Hundertjährigen Krieges geprägten, äußerst blutigen Ära der französischen Geschichte. Es kämpften damals aber nicht nur Engländer gegen Franzosen, auch innerhalb des französischen Adels – zwischen den Häusern Burgund und Armagnac – gab es massive Auseinandersetzungen.

Maria war die Tochter von Adolph von Kleve und Maria von Burgund und die Nichte von Philip dem Guten, Herzog von Burgund (1396–1467). Ihr zukünftiger Gemahl hatte im Jahre 1407, kurz vor seinem 13. Geburtstag, den Titel Herzog von Orléans geerbt, nachdem sein Vater einem brutalen Mord zum Opfer gefallen war. Er war einer der Anführer der Partei Armagnac, wurde jedoch nach der Schlacht von Agincourt am 25. Oktober 1415 gefangen genommen und in England eingekerkert. Dort verbrachte er 25 Jahre in Gefangenschaft und diente im chaotischen Hin und Her zwischen England und Frankreich als wertvolles Unterpfand.

Die Beziehungen zwischen den Familien von Maria und Karl waren kompliziert. Während seiner Gefangenschaft unterstützte Karl seinen Halbbruder Johann von Orléans, den Grafen von Dunois, in seinem Bestreben, die Ländereien der Familie Orléans zu sichern. Dunois kämpfte an der Seite der Jungfrau von Orléans für die Belange der Partei Orléans und die Befreiung Frankreichs von den Engländern. 1430 nahmen die Truppen von Philip dem Guten Johanna gefangen. Zehn Jahre später jedoch spielten ebendieser Philip und seine Gemahlin, Isabella von Portugal, eine wichtige Rolle bei Karls Befreiung aus der Gefangenschaft.

Am 27. November 1440, kurz nach seiner Befreiung aus der Gefangenschaft, wurde Maria von Kleve mit Karl von Blois vermählt und dadurch zur Herzogin. Man möchte meinen, Karl habe nach seiner Rückkehr eine zentrale Position in der französischen Politik angestrebt oder versucht, zwischen den beiden verfeindeten Nationen zu vermitteln, doch er zog sich lieber mit seiner Frau auf Schloss Blois zurück, das sich im Loiretal zwischen Troyes und Orléans befindet.

Dort umgab sich das Paar mit Schriftstellern, Künstlern, fahrenden Sängern, Jongleuren und Architekten und lud zu Theateraufführungen

Der Dichter Karl von Orléans mit seiner Gemahlin Maria von Kleve auf Schloss Blois (1845). Gemälde von Ange François (1800–1872).

und Banketten. Inmitten einer uralten Stadt liegend war ihr Schloss eines der imposanteren im Loiretal; unter Marie und Karl wurde es erstmals von Grund auf restauriert und erweitert.

In der Folge machten sie Blois zu einem literarischen Zentrum und führten ein luxuriöses, aber auch von Gelehrtheit und Kultur geprägtes Leben, wie es Karl aus seiner Kindheit kannte. Der Herzog interessierte sich für Philosophie, Naturwissenschaften und Theologie, und er steckte mit seinem Wissensdurst auch seine Ehefrau an.

Maria beteiligte sich aktiv am literarischen Geschehen. Sie verfasste wie Karl Gedichte und sammelte Bücher. Die beiden veranstalteten Lyrikwettbewerbe und erweiterten die Sammlung wertvoller Manuskripte, die Karl von seinen Eltern geerbt hatte.

Wissenschaftler vermuten, dass zwei Gedichte, neben deren Titel die Worte »Madame d'Orléans« geschrieben stehen, aus Marias Feder stammen, obwohl sie Teil einer Sammlung von Karls Werken sind. Eines davon ist ein elegantes, melancholisches Rondeau, das möglicherweise auf einem bekannteren, von Karl verfassten Gedicht basiert, denn die erste Zeile hat denselben Wortlaut. Es beginnt folgendermaßen:

En la forest de longue actente,	Im Walde tiefster Sehnsucht
Entrée suis en une sente,	Folgt' ich einem Pfad,
Dont oster je ne puis mon cueur,	Von dem mein Herz nicht weichen kann
Pourquoy je viz en grant langueur	noch weichen mag,
Par Fortune qui me tourmente.	Gar mühlich ich mein Schicksal trag.
Souvent Espoir chascun contente,	Dieweil die Hoffnung spendet andren Licht,
Excepté moy, povre dolente,	Bin ich ohn' Mut und Zuversicht,
Qui, nuyt et jour, suis en doleur.	Mein Klagen schallt durch Nacht und Tag.

Karl war 46, als er Maria von Kleve ehelichte; sie war seine dritte Frau. Die Ehe sollte 25 Jahre dauern und war Quellen zufolge von gegenseitigem Einvernehmen geprägt.

Erst 16 Jahre nach der Eheschließung überlebte das erste Kind der beiden die Monate nach der Geburt. Auf Marie folgten der einzige Sohn, der zukünftige König Ludwig XII. von Frankreich (1462–1515), sowie eine weitere Tochter, Anna. Als Karl 1465, ein Jahr nach Annas Geburt, starb, war Marie de Blois noch keine vierzig. Man nimmt an, dass sie später heimlich einen ihrer Höflinge geheiratet hat.

Ein im 15. Jahrhundert in Brüssel angefertigter prächtiger Gobelin-Wandteppich, der im Musée des Arts Décoratifs in Paris hängt und dessen Details – Blumen, Gewänder und Engelsflügel – aus Wolle und Seide gefertigt sind, zeigt Maria und Karl umgeben von Musen – ein Abbild des friedlichen, von Schönheit und Poesie erfüllten Daseins, das Maria von Kleve vergönnt war, obwohl sie in einer so konfliktreichen Zeit lebte.

Die Rose »Marie de Blois«

Rosentyp: Moosrose
Einführung: 1852
Züchter: Robert, Angers, Frankreich
Abstammung: unbekannt

Diese buschige, zu hohem Wuchs tendierende Rose ist ungemein blühfreudig und schlichtweg ein Augenschmaus. Zur Blütezeit ist sie üppig mit opulenten kugeligen Blüten bestückt, die in zufällig platzierten Büscheln erscheinen und einen schweren Duft verbreiten. Die leuchtend pinkfarbenen Petalen sind an den Rändern leicht gerüscht.

Beim Anblick des moosartigen rötlichen Flaums, mit dem die Knospen dieser Rosenfamilie überzogen sind, hob schon so mancher unserer Besucher, der kein Rosenkenner war, argwöhnisch eine Augenbraue, wohl in der Annahme, es handle sich um Blattlausbefall (wir verwenden nämlich keine Pestizide). Doch weit gefehlt – das charakteristische Moos ist eine interessante Kuriosität, die dem veränderlichen Geschmack der Rosenliebhaber zum Trotz überlebt hat. Streicht man mit den Fingern über die moosigen Knospen, so nimmt man einen an Terpentin erinnernden Geruch wahr, der wider Erwarten gar nicht unangenehm ist.

Das Laub dieser Rose ist von einem frischen Grün, wobei die Blattränder im Austrieb einen charakteristischen Rotton aufweisen. Der dichte, kräftige Strauch ist wohlgeformt und eignet sich gut für Hecken.

»Marie de Blois« gehört einer kleinen Rosenfamilie an und ist eine herausragende Vertreterin ihrer Art. Moosrosen sind ein durch natürliche Mutation entstandenes Mitglied der Zentifolien-Familie; ihre Blütenstiele, Blütenkelche und Kelchblätter sind von einem aus Drüsenhaaren bestehenden, aromatisch duftenden, harzigen Moos überzogen.

Ganze 400 Jahre liegen zwischen der Einführung von »Marie de Blois« und der Zeit, zu der ihre Namenspatronin gelebt hat. Ihr Züchter, Monsieur Robert, hat viele seiner Kreationen nach berühmten Französinnen benannt, darunter auch die Rose »Mme de Sombreuil«. Und da sein Mentor Jean-Pierre Vibert unter anderem die Rose »Jeanne d'Arc« erschuf und offenbar ein Interesse an den Belangen des Hauses Orléans im 15. Jahrhundert hegte, bin ich zu der Überzeugung gelangt, dass Monsieur Robert mit »Marie de Blois« Maria von Kleve, der Ehefrau des Herzogs von Orléans, ein Denkmal setzen wollte.

Amy Robsart
1532–1560

Diese stille und charmante junge Frau spielte die zentrale Rolle in einem politischen Verwirrspiel, in das auch Königin Elisabeth I. von England (1533–1603) verwickelt war und das auch nach Jahrhunderten nichts von seiner Faszination eingebüßt hat. Amy Robsarts tragischer, früher Tod verursachte großes Aufsehen, und die Feinde ihres Ehemannes Robert Dudley, dem eine Liaison mit Elisabeth I. nachgesagt wurde, mutmaßten stets, er habe dabei die Finger im Spiel gehabt.

Amy war die einzige eheliche Tochter von Sir John Robsart, Sheriff von Norfolk und Suffolk. Kurz vor ihrem 18. Geburtstag heiratete sie den damals ebenfalls 17-jährigen Robert Dudley, den künftigen Grafen von Leicester (1532–1588). Die Hochzeit fand im königlichen Palast in Sheen in der Grafschaft Surrey statt. Unter den Gästen befand sich auch König Eduard VI. (1537–1553), der Halbbruder von Königin Elisabeth I.

William Cecil, einer der führenden Staatsmänner der elisabethanischen Ära, urteilte später über diese Verbindung: »Nuptiae carnales a laetitia incipient et in luctu terminantur«, zu Deutsch in etwa: »Sinnliche Ehen beginnen mit Glück und enden in Kummer«. Das junge Paar war finanziell von seinen Vätern abhängig, doch es deutet vieles darauf hin, dass die beiden eine glückliche Ehe führten, bis der ehrgeizige Robert begann, sich für Politik zu interessieren, und darüber seine Ehefrau vernachlässigte.

Nach dem Tod von König Eduard VI. versuchte Robert Dudleys Vater, der Herzog von Northumberland, Lady Jane Grey, der Gattin eines seiner jüngeren Söhne, den Weg auf den Thron zu ebnen. Die Verschwörung misslang, und einige Mitglieder der Familie Dudley, darunter auch Robert, wurden wegen Hochverrats angeklagt. Robert wurde im Tower in London eingesperrt, wo Amy ihn besuchte. Anfang 1554 wurde er zum Tode verurteilt, doch er hatte einflussreiche Freunde, die dafür sorgten, dass er etwas mehr als ein Jahr später begnadigt und freigelassen wurde. Robert Dudley und Prinzessin Elisabeth waren von Kindesbeinen an befreundet gewesen und gemeinsam aufgewachsen. Sein Ansehen bei Hofe stieg, und er verbrachte immer mehr Zeit dort und stand Elisabeth mit Rat und Tat zur Seite. Amy Robsart kümmerte sich indessen um die Güter, die ihr Vater ihnen hinterlassen hatte. Es war damals nicht üblich, dass die Ehefrauen ihre Männer an den Hof begleiteten. Als Elisabeth I. 1558 zur Königin gekrönt wurde, ernannte sie Robert Dudley zum Oberbefehlshaber der Kavallerie, und spätestens 1559 war klar, dass er ein Günstling der Königin war.

Es deutet nichts darauf hin, dass Amy je schwanger gewesen wäre, sie hatte also keine Familie, die sie umsorgen konnte. Ihre Einsamkeit er-

Porträt von Amy Robsart (1884) von William Frederick Yeames (1835–1918).

schwerte die Tatsache, dass ihr immer wieder Informationen über die Liaison zwischen ihrem Gatten und der Königin zu Ohren kamen. Der Herzog von Feria, der damalige spanische Botschafter am englischen Hof, schrieb: »Angeblich besucht ihre Majestät ihn zu jeder Tages- und Nachtzeit in seinen Gemächern. Es wird ganz offen darüber gesprochen, und es heißt auch, dass seine Gemahlin ein Leiden in der Brust hat und die Königin nur darauf wartet, dass sie stirbt, damit sie Lord Robert heiraten kann.«

Amy zog sich nach mehreren Umzügen schließlich auf das Anwesen Cumnor Place in der Grafschaft Oxford zurück und mied, wohl wegen der kursierenden Gerüchte, die Gesellschaft anderer Menschen. Dudley bereitete die Scheidung von seiner Gemahlin vor, um seine Chancen bei der Königin zu verbessern, wie der spanische Botschafter in Briefen an seinen Monarchen berichtete. Intrigen standen am Hof von Königin Elisabeth auf der Tagesordnung, und die Mitglieder ihres Hofstaats waren bestrebt, sich mit Elisabeths diversen Hochzeitskandidaten gutzustellen. Dudleys Feinde versuchten dagegen, ihn zu kompromittieren, indem sie das Gerücht verbreiteten, er habe die Absicht, seine Gemahlin zu ermorden. Hatten er oder seine Widersacher bei ihrem Ableben wenig später tatsächlich die Hand im Spiel oder handelte es sich um einen tragischen Unfall?

Wie dem auch sei, am 8. September 1560 fand man Amy mit gebrochenem Genick am Fuße einer Treppe liegend vor. Es war Sonntag, und ihre Dienerschaft hatte auf ihr Geheiß den Markt in Abingdon besucht, während sie allein zurückgeblieben war. Als Dudley die Nachricht vom Tod seiner Frau erhielt, hielt er sich gerade mit der Königin auf Schloss Windsor auf. Er reiste weder nach Cumnor Place, um Licht in die Angelegenheit zu bringen, noch wohnte er Amys Beerdigung bei. Stattdessen entsandte er seinen engen Vertrauten Sir Thomas Blount und forderte eine umfassende Untersuchung des Falles. Das Ergebnis der gerichtlichen Ermittlungen lautete auf Unfall als Todesursache, und es wurden nie Beweise gefunden, die darauf hindeuteten, dass Dudley mit dem Tod seiner Frau in Verbindung stand. Bei dem »Leiden in der Brust«, das der spanische Botschafter in seinem Brief erwähnt hatte, dürfte es sich um Brustkrebs gehandelt haben, was nach heutigen Erkenntnissen zu brüchigen Knochen und einem erhöhten Sturzrisiko hätte führen können.

In ganz Großbritannien brodelte nach diesem rätselhaften Todesfall die Gerüchteküche. Angeblich äußerte sich Maria Stuart wie folgt: »Die Königin von England wird ihren Stallmeister heiraten, der, um Platz für sie zu schaffen, seine Frau ermordet hat.« Mord oder Unfall oder womöglich Freitod: Eine Ehe mit Robert Dudley war für Königin Elisabeth I. nun ausgeschlossen. Man verdächtigte ihn bis an sein Lebensende, den Tod seiner Gemahlin verschuldet zu haben. Die arme Amy indes wurde mit feierlichem Gepränge in Oxford zu Grabe getragen.

Amy Robsart und ihr Gemahl Robert Dudley, Graf von Leicester, auf dem Anwesen Cumnor Place, Oxfordshire (um 1827), gemalt von Richard Parkes Bonington (1802–1828).

Die Rose »Amy Robsart«

Rosentyp: Wein-Rose
Einführung: 1894
Züchter: Lord Penzance, eingeführt von
Keynes, Williams & Co., Großbritannien
Abstammung: *Rosa eglanteria* x unbe-
kannte Remontant-Rose oder Bourbon-Rose

*»Amy Robsart« ist eine der wenigen noch
existierenden Penzance-Hybriden und bis
heute ein attraktives und robustes Mitglied
dieser kleinen, elitären Familie. Sie bringt
reichlich große, halbgefüllte Blüten hervor,
die von einem satten Zyklamerosa sind.
Zu ihrer Schönheit tragen auch die Staubgefäße bei, die sichtbar werden, wenn die
Blüten sich ganz öffnen. Da die Rose in
voller Blüte einen so spektakulären Anblick
bietet, kann man es ihr nachsehen, dass sie
den Rest des Jahres ein wenig unscheinbar
wirkt.
Die Blüten verbreiten den typischen süßen
Duft der Wein-Rose, der – ganz leicht –
auch dem Laub anhaftet. Ein weiterer Vorzug dieser Sorte sind die hübschen scharlachroten Hagebutten, die sie gegen Ende
des Sommers quasi als Ausgleich für das
Ausbleiben weiterer Blüten hervorbringt.
»Amy Robsart« bildet einen ausladenden,
bis zu zweieinhalb Meter hohen Strauch,
der Schatten gut verträgt und somit auch
im hinteren Bereich von Rabatten gepflanzt werden kann. Im Gegensatz zu
ihrer schwächlichen, vom Schicksal ge-
plagten Namenspatronin ist diese Rose
kräftig und gesund, wie alle Züchtungen
von Lord Penzance, die sich zwar optisch
nicht stark voneinander unterscheiden,
dafür aber im Mittsommer herrlich anzusehen sind. Von den 16 Hybriden, die er
kreiert hat, sind nur noch einige wenige im
Handel, und wir schätzen uns glücklich,
dass wir gleich drei von ihnen in unseren
Gärten hatten.*

MARIE
RE.INE.
D'ESCOS-
SE.

Maria Stuart (engl. Mary Stuart, Queen of Scots)

1542–1587

Maria Stuart kam eine Woche vor dem allzu frühen Tod ihres Vaters, des schottischen Königs Jakob V. (1512–1542), zur Welt und war noch nicht einmal ein Jahr alt, als sie zur Königin von Schottland gekrönt wurde. Ihr stand ein stürmisches Leben bevor, das nicht nur vom Kampf zwischen Engländern und Schotten, Protestanten und Katholiken geprägt war, sondern auch von Verrat und Intrigen, in die drei Länder und ebenso viele Kronen involviert waren.

Maria war eine Tochter der sogenannten Auld Alliance, eines Defensivbündnisses zwischen Schottland und Frankreich. Ihre in das französische Adelshaus der Bourbonen geborene Mutter Marie de Guise (1515–1560), auch Marie von Lothringen-Guise genannt, war eine einflussreiche Aristokratin aus Lothringen. Der englische König Heinrich VIII. (1491–1547) hatte großes Interesse an Maria. Als es ihm nicht gelang, eine Ehe zwischen Maria und seinem Sohn, Prinz Eduard (1537–1553), dem späteren König Eduard VI., mithilfe diplomatischer Mittel zu arrangieren, erzwang er diese Verbindung. Im Jahre 1543 besiegelte der Vertrag von Greenwich den Frieden zwischen Schottland und England und die Verlobung Marias mit Prinz Eduard. Allerdings änderten die Schotten schon bald ihre Meinung, unter anderem deshalb, weil Heinrich VIII. verlangte, dass Maria ihre Kindheit fortan in England verbringen sollte.

Wenig später griffen englische Soldaten die schottischen Grenzen an, brandschatzten, plünderten und meuchelten. Schottland wandte sich hilfesuchend an den alten Verbündeten Frankreich. Dieses entsandte Truppen und bestimmte einen neuen Heiratskandidaten für Maria – sie sollte mit dem Sohn des kurz zuvor gekrönten französischen Königs Heinrich II. (1519–1559) vermählt werden. Im Alter von fünf Jahren ging Maria in Dumbarton an der Westküste Schottlands an Bord eines Schiffes und wurde auf das königliche Schloss Saint-Germain-en-Laye in der Nähe von Paris gebracht. Auf dem letzten Teil der Reise wurde sie von ihren Großeltern mütterlicherseits begleitet. Am französischen Hof wuchs Maria zu einer gebildeten, kultivierten, schönen und hochaufgeschossenen jungen Frau heran, sie litt jedoch zeit ihres Lebens unter ihrer schwachen Gesundheit.

Das erste Zusammentreffen mit dem Dauphin Franz im Jahre 1548 wurde bei Hofe mit Spannung verfolgt. Offenbar gelang es Maria rasch, das Herz des Prinzen zu erobern. Die beiden freundeten sich an, tauschten Geheimnisse aus und suchten oft die Gesellschaft des anderen. Als sie 1558 verheiratet wurden, war Maria 15 Jahre alt, Franz war 14. In den Ehevertrag wurde eine geheime Klausel eingebaut, laut der Marias Ansprüche

Porträt der Maria Stuart (um 1560). Ausschnitt einer Miniatur von einem Schuler des François Clouet (um 1510–1572).

auf den Thron von Schottland und England an die katholische französische Krone übergingen, sollte sie kinderlos sterben. Auf Drängen ihres Schwiegervaters beharrte Maria Stuart außerdem nach dem Tod von Eduards Halbschwester, der katholischen Königin Maria I. (1516–1558), darauf, dass sie, und nicht die protestantische Elisabeth I. (1533–1603), die rechtmäßige Königin von England sei. Die katholische Kirche erkannte die Scheidung von Elisabeths Vater, Heinrich VIII., von seiner ersten Frau Katharina nicht an und betrachtete die Ehe mit Anna Boleyn als ungültig, weshalb Elisabeth I. in den Augen der Katholiken ein uneheliches Kind war und infolgedessen keinen Erbanspruch auf den Thron hatte. Von nun an waren Maria und Elisabeth Gegnerinnen.

Als der französische König Heinrich II. 1559 starb, wurde aus dem Dauphin König Franz II. (1544–1560) und Maria Stuart damit zur Königin von Frankreich; allerdings nur für kurze Zeit, denn nur eineinhalb Jahre später starb Franz an einer Ohrinfektion. Die junge Witwe schrieb in einem Gedicht:

Bei Tag und Nacht denk ich an ihn
Wo immer ich auch bin
Mein Herz schaut aus nach ihm, der einmal war
Und spürt, er ist bei mir für jetzt und immerdar

Als sie 18 wurde, verbannte sie ihre Schwiegermutter Katharina von Medici, und Maria kehrte als Monarchin nach Schottland zurück, wo mittlerweile die mächtige protestantische Reformbewegung um sich griff. Das Land war zerrissen – es gab nicht nur Spannungen zwischen den beiden religiösen Lagern, es herrschten auch Rivalitäten zwischen diversen Clans. Marias Bestrebungen, eine Versöhnung mit ihrer Großcousine herbeizuführen, waren nur von begrenztem Erfolg. Sie war Elisabeth und dem schottischen Adel, die ihre Ziele trickreich und mithilfe betrügerischer Machenschaften durchsetzten, nicht gewachsen und wurde zum Spielball der Mächte.

Maria war eine aufgeklärte Monarchin und eine Zeit lang recht beliebt, doch was ihre Ehen anging, war ihr kein Glück beschieden. Ihren zweiten Gatten, Henry Stuart, Lord Darnley, beschrieb sie als den »fröhlichsten, größten und muskulösesten Mann«, den sie je kennengelernt hatte. Doch Darnley war arrogant und politisch unfähig und verkehrte häufig in Wirtshäusern. Dass er überdies ein Katholik war, belastete das Verhältnis zwischen Maria und Elisabeth zusätzlich und sorgte für Unmut und Misstrauen beim protestantischen schottischen Adel.

Als sich Maria zusehends ihrem Sekretär David Rizzio zuwandte, wurde Darnley neidisch auf dessen politischen Einfluss und forderte von Maria mehr Macht, als sie ihm einzuräumen gewillt war. Darnley tat sich daraufhin mit einer Gruppe Adliger zusammen und ließ Rizzio in Marias Gemächern im Holyrood Palace in Edinburgh ermorden – vor den Augen der hochschwangeren Königin. Drei Monate später gebar sie das einzige Kind, das dieser Ehe entspringen sollte: einen Sohn, der als König Jakob VI. von Schottland und als Jakob I. von England (1566–1625) in die Geschichte einging. Sie brachte Darnley dazu, ihr die Namen seiner Schergen zu verraten, doch verzeihen konnte sie ihm nicht.

Am 10. Februar 1567 ereignete sich in einem Haus in der Nähe von Glasgow, in dem sich Darnley zu jener Zeit aufhielt, eine Explosion, die das Gebäude zum Einsturz brachte. Darnley wurde tot aufgefunden – es gibt Vermutungen, dass man ihn zuvor stranguliert hat. Maria machte sich der Mittäterschaft verdächtig, weil sie mit James Hepburn, dem ehrgeizigen Grafen von Bothwell, in Verbindung stand, der kurz darauf ihr dritter Ehemann wurde, insbesondere durch einige Briefe, die sie ihm angeblich geschickt hatte. Obwohl sie heute im Allgemeinen als unschuldig gilt und nicht ausgeschlossen werden kann, dass sie selbst das Ziel des Anschlags werden sollte, war dieser Vorfall für Maria der Anfang vom Ende.

Hepburn, den Maria Stuart für einen »starken, klugen Berater« hielt, wurde angeklagt und vor Gericht gestellt, aber freigesprochen. Doch der »Beschützer« entpuppte sich als Betrüger. Mithilfe einer List gelang es ihm, Maria dazu zu bewegen, dass sie ihn begleitete, als er mit einer 600 Mann starken Armee zu seiner Burg in Dunbar aufbrach. Im Mai 1567 willigte sie schließlich ein, ihn zu heiraten, in der Hoffnung, das Land auf diese Weise stabilisieren zu können. Manche Wissenschaftler sind der Ansicht, er habe sie vergewaltigt und die Ehe mit ihr erzwungen.

Wie dem auch sei, dieser Schritt, obwohl durch Hofintrigen herbeigeführt, sorgte nicht nur in Schottland, sondern in ganz Europa für Entrüstung. Maria wurde gezwungen abzudanken, und ihr ein Jahr alter Sohn Jakob wurde zum König ernannt.

Maria verbrachte zehn Monate auf der Burg von Loch Leven, ehe ihr die Flucht aus der Gefangenschaft gelang. Nach einem missglückten Versuch, das Ruder zu ihren Gunsten herumzureißen, floh sie nach England, wo ihr Schiff am 16. Mai 1568 in der Grafschaft Cumbria landete. Vergeblich flehte sie Elisabeth an, ihr wieder auf den schottischen Thron zu helfen. Doch weil sie für diese eine zu große Gefahr darstellte, wurde sie inhaftiert und die restlichen 18 Jahre ihres Lebens auf diversen englischen Schlössern und Burgen festgehalten. Englische Katholiken unternahmen in dieser Zeit mehrere vergebliche Versuche, Maria zu befreien, Elisabeth zu ermorden und den Katholizismus in England wieder einzuführen.

Im Jahre 1586 stellte Elisabeth ihre Cousine zweiten Grades schließlich vor Gericht, nachdem man ihr Beweise dafür vorgelegt hatte, dass Maria in die Babington-Verschwörung, einen geplanten Anschlag auf Elisabeths Leben, verwickelt war. Maria weigerte sich zunächst, vor Gericht zu erscheinen, mit dem Argument, dass sie selbst eine Königin sei, die Tochter eines Königs, eine Fremde in diesem Land und eine Verwandte der Königin von England. »Ich kam nicht als Untertanin in dieses Königreich, sondern weil man mir Unterstützung und Beistand im Kampf gegen meine Widersacher zugesagt hatte. Stattdessen hat man mich festgenommen und hält mich hier gefangen.«

Schließlich erkannte Maria, dass sie sich selbst würde verteidigen müssen. »Bedenkt, dass die Bühne der Welt größer ist als das Königreich England«, ermahnte sie ihre Richter. Trotz ihres angeschlagenen gesundheitlichen Zustandes, der sich kontinuierlich verschlechterte, schlug sie sich wacker. Ihre abschließenden Worte an die adligen Geschworenen lauteten: »Edle Herren, ich lege meinen Fall in die Hände Gottes.« Man kann Maria Stuart nur dafür bewundern, wie gelassen und geschickt sie sich in dieser ausweglosen Situation verteidigte, zumal man ihr beim Prozess weder einen Berater noch Zeugen gestattete. Trotzdem wurde sie schließlich für schuldig befunden. Elisabeth war unentschlossen; sie zögerte die Unterzeichnung des Todesurteils hinaus und bediente sich zu guter Letzt einer List, um die Verantwortung dafür von sich schieben zu können: Sie ließ sich ein ganzes Bündel von Schriftstücken zur Unterzeichnung vorlegen, darunter auch den Hinrichtungsbefehl. So kam es, dass Maria am 8. Februar 1587 im Alter von 44 Jahren öffentlich enthauptet wurde.

Nachdem man sie fünf Monate in einem versiegelten Bleisarg aufbewahrt hatte, wurde sie in der Kathedrale von Peterborough feierlich beigesetzt. Als ihr Sohn im Jahre 1612 als König Jakob I. den englischen Thron bestieg, veranlasste er, dass ihre sterblichen Überreste in die Westminster Abbey überführt wurden.

Die Rose »Mary Queen of Scots«

Rosentyp: Wildrose *Rosa pimpinellifolia*
(früher *Rosa spinosissima*)
Alternative Bezeichnungen: Bibernell- oder
Dünen-Rose, auf Englisch »Scotch Rose«,
»Burnet Rose«

Der Überlieferung nach hat Maria Stuart diese widerstandsfähige kleine Rose nach Schottland mitgebracht, als sie nach dem Tod von Franz II. aus Frankreich zurückkehrte. »Mary Queen of Scots« ist eine hübsche und recht ungewöhnliche Rose, denn ihre Knospen und vor allem die

Blätter der sich öffnenden Blüten bieten mit ihrer violettroten Oberseite und der damit kontrastierenden silbrig-zartlila Unterseite einen geradezu atemberaubenden Anblick. Ihr Duft ist süß, und aus den Blüten werden wunderschöne kastanienbraune bis schwarze Hagebutten.

Die rotbraunen Stiele weisen lange, helle Stacheln und zahlreiche winzige rote Borsten auf. Die kleinen Blättchen erinnern mit ihrer rötlichen Zahnung entfernt an Farne. »Mary Queen of Scots« bildet viele Wurzelausläufer, wodurch rasch große Kolonien entstehen. Wie die meisten Pimpinellifolia-Vertreter ist sie mit ihrem bunten Herbstlaub bis in den Winter hinein schön anzusehen.

Es bestehen einige Zweifel an der Authentizität »unserer« »Mary«. Sie entspricht zwar den Zeichnungen und der Beschreibung von Mary McMurtrie, andere Beschreibungen treffen jedoch nicht ganz auf sie zu. Wie dem auch sei, unsere Mary ist genauso zäh wie ihre Namenspatronin und breitet sich nach Lust und Laune in unserem Terrakottainnenhof aus.

Sie gehört einer Gruppe kleinwüchsiger Wildrosen an, die sich in den High- und Lowlands von Schottland angesiedelt hat und sowohl auf felsigem Untergrund als auch an Flussufern und in Küstennähe wächst. Sie gedeiht selbst auf sehr kargem Boden und trotzt Sonne und Dürre, Wind und Salznebel. Ihr Verbreitungsgebiet erstreckt sich von Europa über die Türkei und Sibirien bis nach Asien. 1597 fand sie als Pimpinellrose Eingang in John Gerards Pflanzenbuch The Herball or Generall Historie of Plantes, und der Rosenspezialist Graham Stuart Thomas schwärmt in seinem Strauchrosen-Buch Shrub Roses of Today: »Sie bringt fast genauso viele Rosen wie Laubblätter und Stacheln hervor. Ein Strauch in voller Blüte ist einfach herrlich anzusehen; mit ihren drahtigen Trieben, die sich unter der Last der Blüten biegen, bietet sie einen unvergesslichen Anblick. Doch es ist nicht nur die Fülle, die ihre Anziehungskraft ausmacht; auch die Blüten selbst haben ihren eigenen Reiz, denn sie verströmen einen aufregend erfrischenden Duft, der dem der Maiglöckchen in seiner belebenden Reinheit sehr ähnlich ist. Dazu kommt, dass sie im Frühsommer blüht, wenn wir uns auf die ersten Rosen freuen, ehe die Temperaturen ihren Höhepunkt erreichen und dem Garten eine Reihe anderer Schätze entlocken.«

Nur Jahan (auch Mehrunnisa, Mihrunnisa, Nur Mahal)

1577–1645

Mehrunnisa oder Nur Mahal (»Das Licht der Paläste«), wie sie von ihrem zweiten Ehemann genannt wurde, der sie abgöttisch liebte, war die einflussreichste Kaiserin der Moguln-Dynastie; sie regierte von 1526 bis zur Mitte des 19. Jahrhunderts den Großteil des indischen Subkontinents. Sie entstammte einer adligen persischen Familie, die aus dem Gebiet des heutigen Teheran stammte, das Land jedoch aufgrund unglücklicher Umstände verlassen musste. Mehrunnisas Vater Ghiyas Beg und seine schwangere Gemahlin Asmat Begam schlossen sich mit ihren Kindern einer Karawane an, die auf dem Weg nach Süden war, und wanderten nach Indien aus. In Kandahar, im heutigen Afghanistan, schenkte Asmat ihrer Tochter Mehrunnisa, der späteren Mogulkaiserin, das Leben. Es wurde mehrfach überliefert, dass Ghiyas Beg und Asmat Begam das Neugeborene im Laufe der gefährlichen Reise aussetzen wollten, weil sie weder Geld noch Nahrung hatten, doch angeblich veranlasste das Weinen des Kindes sie jedes Mal umzukehren.

In Indien fand Ghiyas Beg eine Anstellung am Hof von Jalaluddin Muhammad Akbar, dem dritten Großmogul von Indien (1542–1605). Er gewann rasch Akbars Vertrauen, machte Karriere und stieg zum Minister und Schatzmeister auf. Als die für ihre Schönheit und Freundlichkeit bekannte Mehrunnisa 17 Jahre alt war, arrangierte Akbar für sie die Vermählung mit Sher Afghan Quli Khan, einem angesehenen persischen Soldaten. Die beiden bekamen eine Tochter, die später unter dem Namen Ladli bekannt wurde. Im Jahre 1607 warf man Sher Afghan Quli Khan vor, er habe sich an einer Verschwörung gegen Akbars Sohn Jahangir (1569–1627) beteiligt, und exekutierte ihn wegen Verrats.

Mehrunnisa kehrte mit ihrer Tochter Ladli an den Hof des Moguls zurück und wurde die Kammerfrau von Jahangirs Stiefmutter Ruqaiya Begum, die auch über die *Zenana*, die Frauengemächer am Hofe Jahangirs, wachte. Jahangir, der nach Akbars Tod im Jahr 1605 an die Macht kam, war Berichten zufolge ein zügelloser, schwacher und grausamer Herrscher. 1611 erregte Mehrunnisa beim Nouruz-Fest mit ihrem Liebreiz, ihrem Scharfsinn und ihrem Gesang seine Aufmerksamkeit. Jahangirs Höfling Mutamid Khan berichtete: »Da … das Schicksal sie zur Königin der Welt und zur Prinzessin der Zeit auserkoren hatte, geschah es, dass ihre Erscheinung bei den Feierlichkeiten zum Neuen Jahr im sechsten Jahr der Herrschaft unseres Kaisers seinen umsichtigen Blick auf sich zog und ihn derart in ihren Bann schlug, dass er sie in den Kreis seines erlesenen Harems aufnahm.«

Dieses indische Gemälde aus der Zeit der Moguln-Dynastie (um 1800) zeigt Nur Mahal mit Kaiser Jahangir und seinem Sohn Jahan in einem ihrer geliebten Gärten.

Es heißt, Jahangir habe ein Treffen in einem Rosengarten arrangiert und Mehrunnisa zwei Monate später geheiratet. Nur Mahal, wie er sie nannte, war zu diesem Zeitpunkt 34 Jahre alt und vermutlich bereits seine zwanzigste Frau, doch sie wurde seine Favoritin. Der damalige britische Botschafter Sir Thomas Roe schrieb in seinem Tagebuch über das Leben am Hofe des Großmoguls: »Er hat eine Gemahlin, oder Königin, die er über alles schätzt und der er den Vorzug vor allen anderen gibt, und nach ihren Empfehlungen wird zurzeit sein gesamtes Reich regiert.«

Diese großartige Frau, die ihre Begabung sowohl in der Verwaltung als auch in den Bereichen Politik, Wirtschaft und Kultur unter Beweis stellte, wurde zur eigentlichen Herrscherin über Indien. Ihr opium- und alkoholsüchtiger Ehemann vergötterte sie und hatte offenbar erkannt, dass er ihre Hilfe benötigte, um sich seine Gesundheit und seinen Thron zu erhalten. Im Jahre 1616 gab er ihr den Namen Nur Jahan, »Das Licht der Welt.«

Da der Verhaltenskodex der *Parda* eine strikte Geschlechtertrennung sowie die Verschleierung der Frauen in der Gegenwart der Männer vorschrieb, war Nur Mahal gezwungen, mithilfe diverser männlicher Verwandter und Minister zu regieren, denen sie vertraute, darunter beispielsweise Asaf Khan, einer ihrer Brüder, sowie ihre Stiefsöhne, die sich allerdings später gegen sie wandten. Außerhalb der *Zenana* durfte sie nicht einmal ihr Gesicht entblößen, doch sie war es, die das Land beherrschte, Befehle erteilte, über Beförderungen und Degradierungen entschied und Bittsteller empfing, die Geld, Privilegien oder andere Gefälligkeit von ihr wollten. Nur Mahal war die einzige Mogulkaiserin, die sogar Münzen mit ihrem Namen prägen ließ. Sie führte Zölle ein, trieb Handel mit Europäern, und ihre Geschäfte und ihr Vermögen wuchsen im selben Maße wie ihr Einfluss. So viel Macht hatte in Indien noch keine Frau zuvor innegehabt.

Die Kaiserin setzte sich insbesondere für die Belange der Frauen ein und unterstützte Waisenmädchen, indem sie ihnen Land und eine Mitgift gab. Sie hatte auch die Aufsicht über den kaiserlichen Haushalt – die Ehefrauen des Moguls, die Kinder, Hofdamen, Konkubinen, Dienerinnen und Eunuchen, die Wachen, Hofnarren und Artisten.

Sie war sehr gebildet und eine begnadete Dichterin, deren Werke auch veröffentlicht wurden. Außerdem förderte sie Künstler und Architekten und betätigte sich auch selbst als Innenarchitektin, entwarf Teppichmuster, Kleider und Schmuck, und ihr persisch beeinflusster Stil prägte die Mode der damaligen Zeit. Sie liebte Pflanzen und Gärten und umgab sich gern mit Rosen- und Irisbeeten. »So wie ein Lufthauch, der über eine Wiese streift, die Rosenknospe zu öffnen vermag, so ist das Lächeln des Geliebten der Schlüssel zu unserem Herzen«, schrieb die Kaiserin in einem ihrer Gedichte.

Sie assistierte bei der Planung vieler persischer Gärten, etwa des wunderschönen Shalimar-Bagh am Ufer des Dal-Sees in Kaschmir mit seinen

Miniatur-Porträt der Kaiserin Nur Mahal, die von ihrem Gemahl, Kaiser Jahangir, später Nur Jahan, »Licht der Welt«, genannt wurde (um 1675).

Terrassen und Brunnen und dem auf kannelierten schwarzen Marmorsäulen ruhenden Pavillon. Auch die Pläne für das Mausoleum ihres Vaters in Agra stammten von ihr. Es war das erste Mausoleum in Indien, das aus weißem Marmor gebaut war, und zugleich Vorbild für Taj Mahal, die letzte Ruhestätte von Nur Mahals Nichte Mumtaz Mahal.

Jahangirs spätere Regierungszeit war geprägt von Krankheit und Rebellion – er weigerte sich hartnäckig, einen Nachfolger zu ernennen, weshalb sein Sohn Shah Jahan gemeinsam mit Mahabat Khan, seinem wichtigsten General, mehrere Male einen Umsturz plante. Mahabat Khan war ein Gegner von Nur Mahal und sagte über sie: »Nie gab es einen Herrscher, der sich in diesem Maße dem Willen seiner Ehefrau unterworfen hat.« Nur Mahal trommelte Jahangirs Soldaten zusammen, um den Widerstand im Keim zu ersticken. Es heißt, sie habe die Truppen auf einem Elefanten angeführt und zwischen den Vorhängen ihres baldachinartigen *Howdah*-Sitzes hindurch Pfeile abgeschossen.

Mit dem Tod ihres Ehemannes im Jahre 1627 begann ihr Stern jedoch zu sinken. Die neue Regierung begegnete ihr mit Misstrauen und Verachtung, und Shah Jahan, der neue Herrscher und Ehemann von Mumtaz Mahal, sorgte dafür, dass Nur Mahal in Lahore praktisch wie eine Gefangene lebte.

Sie starb im Alter von 68 Jahren und wurde in Shahdara Bagh, in der Nähe von Lahore, Pakistan, in einem einstöckigen Mausoleum beerdigt, das sie sich selbst erbauen und mit Blumenfresken schmücken ließ. Ihre letzte Ruhestätte befindet sich neben dem Grabmal ihres Ehemannes (ebenfalls ein Entwurf von Nur Mahal), umgeben von den duftenden Gärten, die sie zu Lebzeiten so liebte.

Die Rose »Nur Mahal«

Rosentyp: Moschata-Hybride
Einführung: 1923
Züchter: Pemberton, Großbritannien
Abstammung: *Rosa* »Château de Clos Vougeot« x Moschata-Hybrid-Sämling

»Nur Mahal« ist eine von den kräftiger kolorierten alten Rosen; ihr leuchtendes Pink erinnert an die bunten Stoffe, die man aus Indien kennt. Sie ist das Bindeglied zwischen den pastellfarbigen einmalblühenden Sorten und den farbenfrohen Dauerblühern moderner Kultursorten. »Nur Mahal« zeichnet sich durch einen hohen Wuchs aus und schmückt sich mit großen Dolden halbgefüllter Blüten mit herrlichem, leicht moschusartigem Duft. Im Laufe der langen Blütezeit stellt sie mit dem Gebaren eines Künstlers ihre auffallenden Staubgefäße zur Schau. Der kräftige Strauch ist reich mit dunklem, ledrigem Laub bestückt. »Nur Mahal« gehört zu den Züchtungen von Reverend Joseph Pemberton und wird heute kaum mehr gepflanzt – schade eigentlich, denn sie sorgt für extravagante Farbakzente, wenn der Garten allmählich etwas müde auszusehen beginnt.

Die Mogulkaiserin Nur Mahal bediente sich einer Methode zur Gewinnung von Rosenöl, die bereits den alten Ägyptern, Griechen und Römern bekannt war, wobei ihr Ehemann offenbar glaubte, sie habe das Geheimnis der Destillation selbst entdeckt. Jack Harkness schildert die Geschichte in seinem Buch *Roses* wie folgt: Als man Nur Mahal und ihren Ehemann eines Tages auf einem Boot über einen stinkenden Kanal ruderte, ließ sie Rosenblätter auf die Wasseroberfläche streuen, um der Geruchsbelästigung entgegenzusteuern. Da sie eine kluge Frau war, entging ihr nicht, dass sich durch die Sonneneinstrahlung rund um die Blätter mit der Zeit ein öliger Film auf der Wasseroberfläche bildete. Sie ließ daraufhin Rosenblätter aus ihrem Garten sammeln und in große Wasserbecken streuen, um ihnen mithilfe der Sonne das enthaltene Öl zu entziehen. Der so entstandene Ölfilm wurde mit Baumwolle gebunden und anschließend in Gefäßen aufbewahrt.

Margaret Cavendish Bentinck, Herzogin von Portland

1715–1785

Margaret Cavendish Bentinck, die nach ihrer Heirat mit William Bentinck, dem zweiten Herzog von Portland (1709–1762), den Titel der Herzogin übernahm, ist eine jener drei Frauen, nach denen gleich eine ganze Rosengruppe benannt wurde. Die anderen beiden, denen diese Ehre zuteil wurde, waren Lady Banks (*Rosa banksiae*), die Gemahlin des renommierten Botanikers Sir Joseph Banks, sowie Helen Wilson (*Rosa helenae*), die mit dem Pflanzenjäger Ernest Wilson verheiratet war.

Margaret, oder Peggy, wie man sie meist nannte, war das einzige Kind von Edward Harey, dem zweiten Grafen von Oxford, und Lady Henrietta Cavendish Holles, Tochter des Herzogs von Newcastle. Schon im Kindesalter legte sie eine große Sammelleidenschaft an den Tag. Als Tochter eines Aristokraten und Erbin des Anwesens ihrer Mutter führte Margaret ein angenehmes Leben und genoss zahlreiche Privilegien. Sie pflegte mit Adligen und Politikern, Lyrikern und Schriftstellern Umgang, darunter der Satiriker Alexander Pope und Jonathan Swift, der Autor von *Gullivers Reisen*. Auch mit König George III. und Königin Charlotte war sie befreundet.

Schon während ihrer Kindheit, die sie auf dem elterlichen Anwesen Wimpole Hall in Cambridgeshire verbrachte, widmete sie sich mit Begeisterung dem Studium von Fauna und Flora, ein Interesse, das von ihrem Vater und ihrem Großvater besonders gefördert wurde. Ihr Wissen eignete sie sich im Selbststudium der umfangreichen Bibliothek ihrer Familie an. Viele Aristokratinnen der damaligen Zeit betätigten sich als Sammlerinnen, doch das Ausmaß, in dem sich Margaret mit den naturwissenschaftlichen und philosophischen Aspekten von Botanik und Biologie im Allgemeinen beschäftigte, war außergewöhnlich.

1734, im Alter von 19 Jahren, ehelichte sie William Bentinck, den sie liebevoll ihren »süßen Will« nannte, und zog auf das Anwesen ihres Mannes ins ländliche Buckinghamshire. In Bulstrode Hall empfing sie ihre Freunde und Bekannten, zu denen Wissenschaftler aus der ganzen Welt zählten, die von ihr gesponsert wurden. Sie finanzierte die Expeditionen von Pflanzensammlern, kaufte Muscheln, die der britische Forscher James Cook von seinen Südseereisen mitgebracht hatte, und war mit Sir Joseph Banks befreundet, der Cook auf seinen Reisen begleitete.

Die Herzogin lebte fünfzig Jahre in Bulstrode und setzte ihre vielfältigen Fähigkeiten dafür ein, das Anwesen umfassend umzustrukturieren. Sie legte einen antiken Garten, einen formalen »Parterre«-Garten sowie einen

Margaret Cavendish Bentinck, 2. Herzogin von Portland. Porträt aus dem 18. Jh. von Michael Dahl (1656–1743).

Küchengarten an, pflanzte Sträucher und nordamerikanische Blumen und ließ eine Menagerie bauen, in der sie tropische Vögel und Büffel hielt. Mit ihrem guten Blick für seltene Schätze trug sie eine aus über 4000 Exponaten bestehende Sammlung zusammen. Schon bald wurde Bulstrode »The Hive« genannt, weil dort dasselbe geschäftige Treiben wie in einem Bienenstock herrschte. Die führenden Botaniker und Konservatoren der damaligen Zeit waren damit beschäftigt, jedes einzelne Stück zu katalogisieren, zu dokumentieren und für die Zurschaustellung vorzubereiten: Seesterne und Schmetterlinge, Münzen und Muscheln, Gemälde und japanisches Porzellan.

»The Portland Museum«, wie Margarets Kollektion genannt wurde, war jedoch weit mehr als eine reine Kuriositätensammlung: Sie war der Versuch einer Systematisierung der Natur. Margarets Ziel war es, jede Tier- und Pflanzenart zu untersuchen und zu beschreiben – und das fast hundert Jahre bevor Charles Darwin sein Werk *Die Entstehung der Arten* verfasste.

In ihren wunderschönen, riesengroßen Parkanlagen pflanzte sie von jeder britischen Pflanze ein Exemplar an. Viele ihrer wertvollen und seltenen Pflanzen aus Großbritannien und dem Ausland spendete sie den Königlichen Botanischen Gärten in Kew im Südwesten Londons.

Im Laufe ihrer 27 Jahre dauernden Ehe brachte Margaret fünf Kinder zur Welt, die das Erwachsenenalter erreichten, darunter ihr Sohn William, der 3. Herzog von Portland, der zweimal britischer Premierminister war. Nach dem Tod ihres Mannes im Jahre 1762 kam es wegen der Verwaltung der Besitzungen zum Streit mit William, der schließlich damit endete, dass dieser ihre Gärten samt allen Schätzen zerstören ließ. Der berühmte britische Landschaftsarchitekt Humphry Repton, den Margaret um eine Umgestaltung der Parkanlage in Bulstrode gebeten hatte, war von der Vorbildlichkeit dieser Anlage begeistert. Seine Beschreibungen und Entwürfe sind glücklicherweise erhalten geblieben.

Leider ist es nicht mehr möglich, das »Portland Museum« in seiner Gesamtheit zu besichtigen – einige Monate nach dem Tod der Witwe Bentinck, ab dem 24. April 1786, fand in ihrer Wohnung in Whitehall, London, eine zehnwöchige Versteigerung statt, bei der ihre Sammlung Stück für Stück verkauft wurde. Dies geschah auf den ausdrücklichen Wunsch der Verstorbenen hin – Margaret hatte in der Sorge um das finanzielle Auskommen ihrer Kinder, die ihre Sammelleidenschaft nicht teilten, verfügt, man möge den Erlös aus dem Verkauf unter ihnen aufteilen, um sicherzustellen, dass ihre Ausgaben gedeckt waren, und vor allem, um Williams politische Karriere zu finanzieren.

Margaret Cavendish Bentinck war eine bemerkenswerte Frau. Die Erinnerung an sie lebt weiter – in den nach ihr benannten Portland-Rosen, aber auch im Namen eines Nachtfalters, einer Pflanzengattung und der Portland-Vase, die man heutzutage im British Museum bewundern kann.

Die Rose »Duchess of Portland«

Rosentyp: Portland-Rose
Einführung: vor 1790, offiziell vorgestellt 1807
Züchter: als Sämling in Italien gefunden, eingeführt von Dupont, Malmaison, Frankreich
Alternative Bezeichnungen: Portland-Rose

Es gab viele Diskussionen über den Ursprung der Portland-Rosen und darüber, wie es kam, dass die erste Vertreterin dieser Familie, die Rose »Duchess of Portland«, nach Margaret Bentinck benannt wurde. Man nimmt an, dass es sich um eine Kreuzung zweier sehr alter Rosen handelt, nämlich

Rosa x damascena bifera (»Quatre Saisons«) und Rosa gallica officinalis. Manche Fachleute zweifeln dies jedoch an und halten sie für eine Kreuzung aus Rosa x damascena bifera und der Rose »Slater's Crimson China«. Zuweilen wird sie auch Rosa paestana genannt, was auf einen italienischen Ursprung deutet. Ein weiterer alternativer Name ist »Scarlet Four Seasons«.

Auf »Slater's Crimson China« lässt sich zurückführen, dass es bei uns heute rote Rosen gibt. Diese waren hierzulande lange unbekannt und wurden erst entdeckt, als sich China im Jahre 1792 dem Westen öffnete. Die Blüten haben auffällige gelbe Staubblätter und bieten einen schlichtweg atemberaubenden Anblick, wenn viele

Sträucher nebeneinanderstehen. »Slater's Crimson China« ist von historischer Bedeutsamkeit, weil sie einer der Pollenspender der Remontant-Rosen ist. Die andere Elternpflanze war eine Bourbon-Rose. Wie auch immer die Rose in den Besitz der Herzogin gelangt sein mag, sie fand schließlich ihren Weg zum Château de Malmaison, einem Herrenhaus samt Anwesen vor den Toren von Paris, das Joséphine de Beauharnais (1763–1814), der ersten Ehefrau von Napoléon Bonaparte, gehörte. Dort stellte Joséphines Gärtner André Dupont sie zu Ehren von Margaret Bentinck als »Duchess of Portland« vor. Mit ihren einfachen bis halbgefüllten scharlachroten Rosen bietet sie, wenn sie in voller Blüte steht, einen spektakulären

Anblick. Die Blüten sitzen auf einem kleinen Strauch und erscheinen im Herbst ein zweites Mal, wenn auch weniger reichlich; eine Eigenschaft, die damals für eine Sensation sorgte, da remontierende Sorten bei Rosen unbekannt gewesen waren. »Duchess of Portland« zeichnet sich durch eine ordentliche, kompakte Wuchsform aus und wird etwa eineinhalb Meter hoch. Sie trägt viele Blätter, die mit der Zeit etwas rauer werden können, genau wie die menschliche Haut. Die kleine Gruppe der Portland-Rosen ist etwas geheimnisumwittert. Gegenwärtig werden nicht einmal mehr zwanzig Sorten kultiviert, dabei wären sie dank ihrer geringen Größe ideal für kleinere Gärten.

Marie-Louise von Savoyen-Carignan
(frz. Princesse de Lamballe)

1749–1792

Marie-Louise war die Tochter des italienischen Prinzen Ludwig-Viktor von Savoyen-Carignan und der deutschen Christine Henriette von Hessen-Rheinfels-Rothenburg. Das sanftmütige, naive Wesen der jungen Aristokratin stand ganz im Gegensatz zu ihrem grausamen Tod. Sie wurde in Turin in das Haus Savoyen geboren, das damals über den größten Teil des heutigen Italien herrschte, und heiratete im Alter von 17 Jahren den Prinzen von Lamballe, Ludwig Alexander Stanislaus von Bourbon (1747–1768).

Der Prinz war Erbe des Penthièvre-Vermögens, das von seinem Urgroßvater König Ludwig XIV. an die Familie übergegangen war. Bei seinem Titel handelte es sich lediglich um einen *titre de courtoisie*; er rührte von einem Lehen seines Vaters her. Ludwig Alexander war berühmt-berüchtigt für seine Affären und seinen ausschweifenden Lebenswandel. Genau deshalb war die Wahl seines Vaters, des Herzogs von Penthièvre, auf die fromme, hübsche Marie-Louise gefallen. Er hoffte, dass sie einen positiven Einfluss auf seinen lasterhaften Sohn ausüben würde. Doch der Prinz starb kurz nach der Eheschließung, lange vor seinem Vater.

Wie es sich für eine junge Witwe ziemte, führte Marie-Louise danach eine Weile ein zurückgezogenes Leben im Haushalt ihres Schwiegervaters im Hôtel de Toulouse in Paris und auf Schloss Rambouillet in den Wäldern südlich der Stadt.

Mit 21 Jahren kehrte sie an den französischen Hof zurück, freundete sich mit der damals 15 Jahre alten Thronfolgerin, der aus dem Hause Habsburg stammenden Erzherzogin Marie Antoinette (1755–1793), an und wurde zu ihrer engsten Vertrauten. Marie Antoinette war eine Tochter der österreichischen Kaiserin Maria Theresia und ihres Mannes Franz I. Stephan von Lothringen, Kaiser des Heiligen Römischen Reiches. Sie heiratete den zukünftigen König Ludwig XVI. (1754–1793), und als sie 1774 Königin von Frankreich wurde, ernannte sie ihre Freundin zur Intendantin des königlichen Haushalts, dem höchsten Amt für eine Hofdame.

Sie wurde als etwas melancholisch veranlagte, empfindsame junge Frau beschrieben, deren Mitgefühl ihr den Beinamen »der gute Engel« eintrug. Für das Leben am Hof war sie bei Weitem nicht geschickt genug und auch der nötige Witz fehlte ihr. Doch die Königin blieb ihr sehr zugetan. Allerdings verhielt sich Marie-Louise oft genug undiplomatisch, mischte sich in Angelegenheiten des Haushalts ein oder unterließ es, wichtige Einladungen zu versenden, weil sie der Ansicht war, diese Auf-

gabe sei unter ihrer Würde. Die enge Freundschaft zwischen den beiden Frauen sorgte für Gerüchte, und weil die Briefe der jungen Marie Antoinette an ihre Freundin häufig mit Formulierungen wie »ein Herz, das ganz das Ihre ist« endeten, sagte man ihnen eine lesbische Liebesbeziehung nach. Dabei war die einsame, unerfahrene Königin den meisten ihrer Mitmenschen ähnlich innig zugetan. Marie-Louise spielte im täglichen Leben bei Hofe eine wichtige Rolle und nahm sämtliche offizielle Verpflichtungen gewissenhaft und engagiert wahr. Sie war es auch, der Marie Antoinette kurz nach der Vermählung mit Ludwig anvertraute, dass der König sie »noch nicht zu seiner Königin gemacht« habe.

Nach einiger Zeit wandte sich Marie Antoinette für mehrere Jahre der Comtesse de Polignac zu, doch ab 1785 war Marie-Louise wieder die engste Vertraute der Königin. Sie blieb ihr sogar treu ergeben, als die Kritik des französischen Volkes an Marie Antoinette immer lauter wurde und sich bereits der Beginn der Französischen Revolution und der bevorstehende Sturz des Königtums abzeichneten.

Im Oktober 1789 war Frankreich mit der Erklärung der Menschen- und Bürgerrechte eine konstitutionelle Monarchie geworden. Doch immer wieder kam es zu Aufständen, und schließlich marschierten die Frauen der Stadt nach Versailles, um die Mitglieder der königlichen Familie in den Tuilerien-Palast zu bringen und unter Hausarrest zu stellen. Marie-Louise wich Marie Antoinette auch jetzt nicht von der Seite.

Einzig im Jahre 1791, nachdem die königliche Familie einen gescheiterten Fluchtversuch aus Frankreich unternommen hatte, war Marie-Louise nicht bei ihr. Sie befand sich auf dem Weg nach Brüssel, von dort wollte sie weiter nach London, in der Hoffnung, dort Unterstützung zu finden. Inzwischen hatte man König Ludwig XVI., Marie Antoinette und ihre Kinder in Varennes-en-Argonne in der nordöstlichen Region der Lorraine aufgegriffen und zum Palais de Tuileries zurückgebracht.

»Komm nicht zurück, mein teures Herz, stürz dich nicht in den Schlund des Tigers«, schrieb die Königin an Marie-Louise, obwohl Antoine Barnave, ein gemäßigter Jakobiner und Abgeordneter der Nationalversammlung, sie ermutigte, die Émigrés – die Adligen, die ins Ausland geflohen waren – zur Rückkehr zu bewegen. Es würde ein liberales Regime an die Macht kommen, argumentierte Barnave, der eine konstitutionelle Monarchie in Frankreich anstrebte, und er suggerierte Marie Antoinette, dass es ihr gelingen würde, die Gunst des Volkes zurückzugewinnen. Marie Antoinette besiegelte das Schicksal ihrer Freundin, als sie diese schließlich doch bat, wieder ihren alten Posten einzunehmen.

Im September 1791 stimmte Louis XVI. der Verfassung formell zu. Doch im Laufe des darauffolgenden Jahres stieg die Unzufriedenheit des Volkes weiter. Im Juli 1792 forderte der extreme Republikaner Maximilien Robespierre die Absetzung des Königs, und im August wurde die

Marie-Louise (Bildmitte) mit einer
Tasse Schokolade in der Hand,
umgeben von weiteren Mitgliedern
der Familie Penthièvre, darunter
ihr Ehemann, der rechts hinter ihr
sitzt. Porträt aus dem Jahre 1768
von Jean Baptiste Charpentier
(1728–1806).

königliche Residenz im Tuilerien-Palast vom Volk gestürmt. Es gelang Marie Antoinette, bei den Wachen durchzusetzen, dass die Prinzessin sie begleiten durfte, als sie sich in die relative Sicherheit in der Salle du Manège begab, wo die Nationalversammlung tagte. Es folgte eine lange Debatte darüber, was nun geschehen solle, im Zuge derer die Prinzessin die düstere Prophezeiung äußerte: »Wir werden nie hierher zurückkehren.«

Nachdem die Nationalversammlung Ludwig offiziell entthront hatte, diskutierte sie die Zukunft der 13 Gefangenen. Am Montag, dem 13. August, wurden diese – einschließlich Marie-Louise und fünf weiterer Angehörigen der königlichen Familie – in der mittelalterlichen Festung des Temple inhaftiert, wo sie die letzten Tage vor ihrem Tod zubrachten.

Am 19. August wurde die stets freundliche, sanftmütige Marie-Louise ins Gefängnis La Force gebracht und später vor ein Tribunal von Revolutionären gestellt, vor dem sie sich gegen allerlei abstruse Anschuldigungen verteidigen musste. Unter anderem wurden ihr lesbische Handlungen vorgeworfen, was sie bestritt. Sie sollte außerdem zwei Eide schwören, einen auf Freiheit und Gleichheit und einen gegen die Monarchie, den König und die Königin. Letzteres lehnte sie ab. Es heißt, sie habe entschlossen, gefasst und mit fester Stimme geantwortet: »Ich habe nichts mehr zu entgegnen. Es ist mir gleichgültig, ob ich nun etwas früher oder etwas später sterbe. Ich bin bereit, mein Leben zu opfern.«

Sie wurde zum Tode verurteilt, allerdings erwartete sie bereits im Gefängnishof ein entwürdigendes Ende: Man streckte sie mit Hammerschlägen auf den Kopf zu Boden, anschließend wurden ihr die Kleider vom Leib gerissen, man misshandelte und tötete sie. Was die ihr zugefügten Gräueltaten angeht, unterscheiden sich die zeitgenössischen Schilderungen. Je nachdem, ob sie aus dem Lager der Königstreuen oder vonseiten der Revolutionäre stammen, hieß es entweder, man habe sie vergewaltigt und ihr die Brüste abgeschnitten, oder, ihr entstellter Körper sei einen Tag lang öffentlich zur Schau gestellt worden. Sicher ist, dass man ihr die inneren Organe herausgerissen und den Kopf abgetrennt hat. Um eine Totenmaske von ihr anfertigen zu lassen, wurde ihr Haupt einer gewissen Marie Grosholtz übergeben, die damals eine Lehre als Wachsbildnerin absolvierte und später unter dem Namen Madame Tussaud große Berühmtheit erlangte.

Den auf eine Pike aufgespießten Kopf der Prinzessin trug man dann durch die Straßen und schwenkte ihn unter dem Gelächter und Gejohle des Pöbels vor Marie Antoinettes Fenster mit der Forderung, die Königin solle ihrer Freundin einen Abschiedskuss geben.

Ludwig XVI. lieferte ein letztes, aufschlussreiches Epitaph auf Marie-Louise, als er sagte: »Ihr Verhalten in Anbetracht all unseres Ungemachs lässt die Tatsache, dass die Königin ausgerechnet sie zu ihrer Freundin auserkoren hat, mehr als gerechtfertigt erscheinen.«

Die Rose »Souvenir de la Princesse de Lamballe«

Rosentyp: Bourbon
Einführung: 1834
Züchter: Bréon-Mauget, Frankreich
Abstammung: unbekannt
Alternative Bezeichnungen: *Rosa* »Bourbon Queen«, *Rosa* »Queen of Bourbons«, *Rosa* »Reine des Îles Bourbon«

Diese hübsche kleine Rose, am besten bekannt unter der Bezeichnung »Bourbon Queen«, bringt lose auseinanderfallende, schalenförmige, halbgefüllte Blüten hervor, deren Kronblätter leicht gerüscht sind. Das Rosarot der Blütenblätter wird unterstrichen von der dunklen magentafarbenen Äderung, die zu den Rändern hin etwas verblasst. Die Blüten wirken sehr zart und zerbrechlich, verleihen dem Strauch jedoch ein spektakuläres Aussehen, wenn er den Sommer über in voller Blüte steht. Der einzige Makel dieser Rose ist, dass sie im Herbst kaum nachblüht; dafür verströmt sie aber einen intensiven Duft und hat sich schon deshalb einen Platz im Garten verdient.

Sie schmückt sich mit üppigem, stark gezahntem, mittelgrünem Laub. Der Strauch ist gesund und kompakt; er wird mit seinen dicken Ästen bis zu eineinhalb Meter groß und kann auch als kleine Kletterpflanze eingesetzt werden.

Die bezaubernde Familie der Bourbon-Rosen entstand aus der ersten überlieferten Einkreuzung der damals gerade entdeckten China-Rosen in die alten europäischen Sorten. Das erste Exemplar war ein Zufallssämling, den man 1817 auf der Île Bourbon (heute Réunion) im Indischen Ozean fand. Er wurde in unmittelbarer Nähe seiner Elternpflanzen, der China-Rose »Old Blush« und Rosa x damascena bifera (»Quatre saisons«) entdeckt und »Rose Edouard« genannt. Damit war der genetische Grundstein für eine ganze Reihe wunderbarer Rosen gelegt, die einerseits die für die alten Sorten typischen üppigen Blüten aufwiesen und andererseits mit der seidigen Beschaffenheit der China-Rosen sowie mit der Eigenschaft der Nachblüte aufwarten konnten. Bourbon-Rosen sind hervorragende Gartenpflanzen, die überall und bei jeder Gelegenheit eine gute Figur machen und dabei sämtliche Erwartungen erfüllen.

Kaiserin Joséphine

1763–1814

Ich erwachte ganz erfüllt von dir. Dein Bild und die berauschenden Freuden der vergangenen Nacht haben meine Sinne in Aufruhr versetzt … Süße, unvergleichliche Joséphine, wie erstaunlich tief du doch mein Herz berührt hast.« So schrieb Napoleon Bonaparte (1769–1821) in einem seiner unzähligen Liebesbriefe an Joséphine Beauharnais, von denen viele erhalten sind. Als erste Kaiserin der Franzosen spielte Joséphine eine wesentliche Rolle in der europäischen Geschichte. Ihre Gestaltung der Gartenanlagen des Château de Malmaison macht sie für Rosenliebhaber zu einer historischen Persönlichkeit.

Geboren wurde sie als Marie Joseph Rose Tascher de la Pagerie auf der Zuckerrohr-Plantage ihrer Eltern auf der französisch-karibischen Insel Martinique. Ihr Kindheitsname war Rose, erst Napoleon nannte sie Joséphine. 1779 segelte die 16-jährige Joséphine mit ihrem Vater nach Frankreich. Um die Finanzen der Familie war es schlecht bestellt, und ihre Tante hatte eine Heirat mit dem 19-jährigen Alexandre de Beauharnais arrangiert, der später Politiker und General in der Revolutionsregierung wurde.

Das junge Paar lernte sich an der bretonischen Küste im Hafen von Brest kennen, heiratete zwei Monate später, im Dezember 1779, und bekam zwei Kinder – eine Tochter, Hortense, und einen Sohn, Eugène –, ehe es sich 1785 verbittert und unter gegenseitigen Vorwürfen der Untreue trennte. Während Alexandre zweifellos andere Geliebte hatte, wurden seine Beschuldigungen im Verlauf einer Untersuchung nicht bestätigt. Joséphine bekam das Sorgerecht für die Kinder zugesprochen und erhielt regelmäßig großzügige Zuwendungen.

Bis zur Französischen Revolution im Jahre 1789 verbrachte sie einige Zeit in Paris, lernte die dortigen Moden und Sitten kennen und kehrte für zwei Jahre nach Martinique zurück. Als Aristokratin geriet sie während der Revolution in erhebliche Gefahr und wurde im April 1794 – einen Monat nach ihrem Mann – verhaftet, obwohl sie seit etwa neun Jahren offiziell von ihm getrennt war. Sie sahen sich im Carmes-Gefängnis von Paris wieder, verurteilt als Feinde der Revolution während der gewalttätigen politischen Unterdrückung der Schreckensherrschaft (September 1793 bis Juli 1794). Alexandre fand im Zuge der Massenhinrichtungen dieser Zeit auf der Guillotine den Tod, Joséphine jedoch wurde durch eine glückliche

Kaiserin Joséphine auf Schloss Malmaison
(um 1801). Gemälde von François Pascal Simon,
Baron Gérard (1770–1837).

Fügung gerettet, als Maximilien Robespierre, der Führer der Revolutionsregierung, selbst hingerichtet wurde und das Blutvergießen damit ein
Ende fand. 1795 konnte Joséphine dank eines neuen Gesetzes ihren Anspruch auf Alexandres Vermögen geltend machen.

Sie hatte mehrere Affären mit reichen, mächtigen Männern, die ihr
halfen, einen gewissen Status in der Gesellschaft zu erreichen. Ihre Tochter Hortense hielt in ihren Tagebüchern einen Ausspruch ihrer Mutter
fest: »Mein Kind, du darfst nicht vergessen, dass ich seit dem Tod deines
Vaters stets versucht habe, die Reste seines Vermögens zu retten, von dem
wir fürchteten, es sei verloren. Muss ich nicht denen gegenüber dankbar
sein, die mir geholfen und mich beschützt haben?«

1795 lernte sie General Napoleon Bonaparte, den aufgehenden Stern
in der republikanischen Armee, kennen, der die Rebellion der Royalisten
in Paris in der Schlacht des 13. Vendémiaire (nach dem Revolutionskalen-
der der 5. Oktober 1795) niederschlug. Sie wurde seine Geliebte, und im
darauffolgenden Jahr heirateten die beiden. Josephine war zu diesem
Zeitpunkt 33, Napoleon 27 Jahre alt.

Ihre Beziehung wurde zu einer der großen, unsterblichen Liebesge-
schichten der Geschichte. Offenbar war Joséphine mit ihrem sanften,
nachgiebigen Wesen das ideale Gegenüber für den reizbaren, ehrgeizigen
Napoleon. Sie trat stets perfekt frisiert und elegant gekleidet auf, ob bei
Staatsakten oder im Garten von Malmaison, dem Landgut, das sie für sich
und Napoleon kaufte, während er 1799 seinen Feldzug in Ägypten führte.

Joséphine lebte verschwenderisch; um Malmaison zu erwerben, lieh
sie sich Geld und verkaufte ihren Schmuck. Sie war charmant, lebhaft
und ihrer Familie zugetan. Beide hatten außereheliche Beziehungen, aber
Napoleon war so in Joséphine vernarrt, dass er ihr ihre Extravaganzen und
ihre Schreibfaulheit verzieh, ihre Untreue erduldete und die Wonnen, die
sie ihm bereitete, genoss.

Joséphine ging hemmungslos großzügig mit dem Vermögen ihres Mannes um. Es waren ihre Vision und ihre Energie, aber sein Geld, die zur
Entstehung von Malmaison beitrugen, das zum Domizil für jede damals
bekannte Rose werden sollte. Das Gut lag im Westen von Paris, nicht weit
von der Stadt entfernt, und als sie es erwarb, war es ein baufälliges, herun-
tergekommenes Herrenhaus, das etwa siebzig Hektar Wald und Wiesen
umfasste. Beim Umbau orientierten sich die Baumeister am Stil des alten
Rom und folgten damit dem später so genannten Empire-Stil. Joséphines
Gärten waren nach der englischen Mode gestaltet, mit weiten Rasenflä-
chen und von Bäumen umrahmten Ausblicken. Sie war die Erste in Frankreich, die Pfingstrosen-, Kamelien- und rote Magnolienbäumchen zog und
empfindliche Pflanzen in einem geheizten Glashaus heranwachsen ließ.

Im November 1799 führte ihr Mann einen Umsturz an, setzte die bisherige Regierung ab und machte sich zum Ersten Konsul; 1804, nachdem einige Komplotte gegen ihn geschmiedet worden waren, krönte sich Napoleon in der Kathedrale von Nôtre Dame selbst zum Kaiser von Frankreich – und Joséphine zur Kaiserin.

Im Laufe ihrer Ehe war Napoleon häufig auf Kriegszügen unterwegs, was Joséphine mit Angst und Verzweiflung erfüllte. Als er nach Spanien aufbrach, schrieb Hortense in ihr Tagebuch: »Die Kaiserin war noch trauriger als sonst, den Kaiser gehen zu sehen. ›Wirst du wohl jemals aufhören mit deinen Kriegshändeln?‹, fragte sie ihn.«

Der Druck, einen Erben hervorzubringen, lastete immer stärker auf Joséphine; es wurde klar, dass die Geburt eines Sohnes für den Weiterbestand der Ehe eine unabdingbare Notwendigkeit war. Da der Stammhalter auf sich warten ließ, folgte Napoleon am 15. Dezember 1809 widerstrebend und tief bedrückt der Forderung seiner Familie, sich von Joséphine scheiden zu lassen. Im Frühjahr des darauffolgenden Jahres heiratete er Marie-Louise von Österreich, die ihm den sehnlich erwarteten Sohn schenkte. Joséphine schickte sich in die Unabwendbarkeit ihres Schicksals und schrieb: »Und doch ist Gott mein Zeuge, dass ich ihn mehr liebe als mein Leben, viel mehr als diesen Thron und diese Krone, die er mir gegeben hat.«

Die unglückliche Joséphine zog sich nach Malmaison zurück, wo sie immer neue Rosen erwarb. Sie zog ungefähr 400 verschiedene Sorten und Varietäten, hauptsächlich französische; es war ihr Ziel, von jeder existierenden Rose ein Exemplar zu besitzen. Viele ihrer Rosen kann man auf aufwändigen Kupferstichen bewundern, unsterblich gemacht durch den renommierten botanischen Illustrator Pierre-Joseph Redouté, dessen ehrgeiziges Unterfangen es war, sämtliche Blumen in den Gärten von Malmaison zu porträtieren und zu beschreiben. *Les Roses (Die Rosen)* war das letzte Werk, das Joséphine bei ihm in Auftrag gab, aber seine Vollendung erlebte sie nicht mehr, denn sie starb unerwartet an einer »bösartigen zersetzenden Krankheit«, vermutlich Diphterie. Ihr Sohn, der Napoleon von ihrem Tod in Kenntnis setzte, schrieb: »Sie starb mit dem Mut, der Ruhe und der Ergebenheit eines Engels.«

Das restaurierte Schloss Malmaison, das Heim Joséphines, ist heute ein Nationalmuseum und erstrahlt wieder in altem Glanz, und auch die Gärten wurden wiederhergestellt und sind in ihrer früheren Pracht ein würdiges Denkmal für diese ungewöhnliche Frau.

Die Rose »Empress Joséphine«

Rosentyp: Gallica (*Rosa gallica x Rosa pendulina*)
Einführung: unbekannt; benannt um 1814
Züchter: unbekannt; eingeführt von Dupont, Malmaison, Frankreich
Herkunft: Möglicherweise eine Zufallsmutation der *Rosa majalis* (Zimtrose)

Dass eine Rose der Sorte Gallica nach Joséphine benannt ist, erscheint mir die passende Hommage an eine Französin, die mehr als sonst jemand dafür getan hat, alte Rosensorten zu pflegen, zu sammeln und zu hüten, vor allem die in Frankreich heimische Rosa gallica. Wir verdanken es Joséphines Enthusiasmus und ihrer Liebhaberei, dass zahlreiche historische Rosensorten und Varietäten überlebt haben und wir uns heute an ihnen erfreuen können.

Die Rose, die wir als »Empress Joséphine« kennen, ist sehr wahrscheinlich Rosa francofurtana, eine Rose, die entweder von John Tradescant dem Älteren 1618 in Russland entdeckt wurde oder 1583 von Charles de l'Ecluse. Mit Sicherheit sagen kann es heute niemand mehr. Jedenfalls soll sie Joséphines Lieblingsrose gewesen sein, eine wilde Heckenrose; eine Schönheit, die ihren neuen Titel verdiente. Vermutlich erhielt sie ihren Namen einige Zeit nach Joséphines Tod, denn in den Listen ihrer Sammlung in Malmaison gab es keine Rose dieses Namens.

Die Sammlung entstand dank der Bemühungen ihrer Nichte Stéphanie Tascher und des bekannten Gartenkünstlers, Rosen- und Pflanzenzüchters Louis Parmentier, der Stéphanies Liegenschaften in Belgien verwaltete. Die beiden verschafften sich sogar eine Sondererlaubnis, um während der britischen Schiffs-
blockade in den Napoleonischen Kriegen (1803–1815) für Joséphine Pflanzen nach Frankreich bringen zu können.

»Empress Joséphine« ist eine stattliche Buschrose mit malerisch überhängenden Zweigen, die bis zu eineinhalb Meter hoch wird. Die großen, etwas zerzaust wirkenden Blüten sehen fast aus, als wären sie aus durchscheinendem Seidenpapier. Sie sind locker gefüllt und duften zart. Die Blütenblätter sind kräftig pink mit einem Stich Lavendelblau oder Purpur und weisen eine dunklere Äderung auf.

Die Rosen hängen meist locker an den Zweigen, und der Strauch tendiert dazu, etwas auseinanderzufallen, allerdings sehr anmutig, wie es sich für eine Kaiserin gehört. Der Strauch hat schön geformte, feste, graugrüne Blätter, die von tiefen Adern durchzogen sind. Wie die Rosa majalis, von der sie abstammt, hat sie fast keine Dornen.

André Dupont, der diese Rose als Erster kultivierte, genoss als wichtigster Rosenzüchter und Rosensammler in Frankreich die Gunst von Joséphine Bonaparte. Seine eigene Kollektion umfasste mehr als 110 Rosenarten oder Varietäten, und gemeinsam mit Joséphine baute er den Garten von Malmaison auf und aus. Dupont, nach dem ebenfalls eine Rose benannt ist, war außerdem der Gründer und Direktor der Rosensammlung des Jardin du Luxembourg in Paris.

La Belle Sultane, (Aimée du Buc de Rivéry)
die schöne Sultanin

Um 1763–1817

»Man wird dich nach Europa schicken, um deine Erziehung zu vervollkommnen. Dein Schiff wird von Korsaren gekapert werden, man wird dich gefangen nehmen und in einen Serail schaffen. Dort wirst du einen Sohn zur Welt bringen. Er wird eine ruhmreiche Herrschaft ausüben, aber die Stufen seines Thrones werden rot sein vom Blute seines Vorgängers. Du aber wirst niemals die äußerlichen Ehren eines Hofes genießen, doch du wirst an einem großen und glänzenden Orte leben, und dort wirst du als Höchste regieren. In der gleichen Stunde aber, da du wissen wirst, dass du das Glück errungen hast, wird es dahinschwinden wie ein Traum, und eine tückische Krankheit wird dich ins Grab bringen.«

Mit diesen Worten einer alten Seherin beginnt die erstaunliche Erzählung des geheimnisumwitterten Lebens der Aimée du Buc de Rivéry in *The Wilder Shores of Love* von Lesley Blanch (1954) [in der deutschen Übersetzung *Sie folgten ihrem Stern* von Kyra Stromberg, Krüger, 1955]. Sie wurde auf der französisch-karibischen Insel Martinique geboren, wo ihr Vater eine Plantage besaß, und war eine Cousine der künftigen Kaiserin Joséphine von Frankreich. Eines Tages – so berichtet Mademoiselle Lenormand, selbst eine bekannte Pariser Hellseherin und später eine Vertraute Joséphines – besuchten die beiden Mädchen eine Wahrsagerin, die in der Nähe des Hauses von Joséphines Familie auf der karibischen Insel lebte. Diese sagte beiden die Zukunft voraus; die Prophezeiung für Joséphine lautete, sie würde eines Tages »mehr als eine Königin« sein.

Im Alter von etwa 13 Jahren wurde Aimée auf eine Klosterschule im französischen Nantes geschickt. Auf der Rückreise nach Martinique suchte ihr Schiff an der Mittelmeerküste Zuflucht vor einem heftigen Sturm und verschwand; vermutlich fiel es Piraten – aller Wahrscheinlichkeit nach Korsaren aus einem der nordafrikanischen Barbareskenstaaten – in die Hände.

Von da an lässt sich der weitere Verlauf von Aimées Leben nicht mehr belegen, aber ihr Schicksal hat seitdem Biografen und Romanschriftsteller inspiriert. Die Piraten sollen das Schiff gekapert und das schöne Mädchen an Bord gefangen genommen haben. Sie erkannten sofort, was für einen wertvollen Fang sie gemacht hatten, und behandelten Aimée gut, bis sie sie schließlich als Geschenk an den ottomanischen Sultan Abdülhamid

Ausschnitt aus dem Gemälde *Träume* (19. Jh.) von Edouard Frederic Wilhelm Richter (1844–1913).

(1725–1789) sandten. Sie wurde in dessen Harem im Topkapi-Palast in Istanbul gebracht.

Der Sultan soll von ihr entzückt gewesen sein und nannte sie Naksh, »Die Schöne«. Es war nicht ungewöhnlich, dass Frauen aus anderen Kulturen und Herkunftsländern, wenn sie in einen ottomanischen Serail oder Palast gelangten, einen türkischen Namen erhielten, der sich auf ihre Qualitäten bezog. Zu dieser Zeit erstreckte sich das Osmanische Reich vom Balkan einschließlich Bulgarien und Rumänien über das heutige Griechenland bis in den Irak und weiter bis nach Ägypten und Libyen.

Naksh wurde die vierte Frau des Sultans und war wegen ihrer weißen Haut und goldblonden Haare hoch geschätzt. In den Geschichten, die über ihr Leben im Harem erzählt werden, heißt es, Aimée sei temperamentvoll und unerschrocken gewesen, was bestimmt dazu beitrug, dass sie die Traumata und die politischen Machenschaften ihrer neuen Umgebung überlebte. Als Mutter des späteren Sultans Mahmud II. blieb sie nicht vor den zahlreichen Intrigen des Harems verschont. Ihre Konkurrentinnen versuchten mit allen Mitteln ihre jeweiligen Söhne als Thronfolger durchzusetzen.

Nach dem Tod des alten Sultans im Jahre 1789 öffnete sein Neffe und Nachfolger Selim III. (1761–1808) die Türkei für neue Ideen. Angeblich wurde Aimée seine Vertraute, lehrte ihn Französisch und ermutigte ihn, 1797 den ersten französischen Botschafter zu ernennen und französische Künstler und Architekten an den Hof zu holen.

Das Osmanische Reich wurde im Laufe des 18. Jahrhunderts und während der Napoleonischen Kriege (1803–1815) von Russland, Großbritannien und Frankreich angegriffen, wobei es zeitweise mit den einen Allianzen schmiedete und gegen die anderen kämpfte. Der reformwillige Selim strebte eine engere Verbindung mit Frankreich an und wollte die osmanische Armee nach westlichem Vorbild umformen. Er hoffte, Napoleon Bonaparte, der damals mit Aimées Cousine Joséphine verheiratet war, würde ihm bei dieser Modernisierung helfen, doch Napoleon hatte andere Pläne. Er übernahm 1799 das Kommando der französischen Armee in Ägypten und marschierte in der osmanischen Provinz Syrien ein.

In Istanbul sorgten die politischen Ambitionen der Mütter im Harem weiterhin für Unruhe. Die Armee des Sultans, vor allem die konservativen Elitetruppen der Janitscharen, rebellierte gegen seine frankophilen Refor-

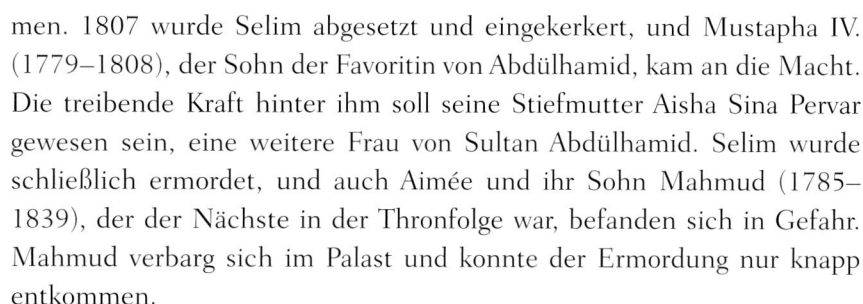

men. 1807 wurde Selim abgesetzt und eingekerkert, und Mustapha IV. (1779–1808), der Sohn der Favoritin von Abdülhamid, kam an die Macht. Die treibende Kraft hinter ihm soll seine Stiefmutter Aisha Sina Pervar gewesen sein, eine weitere Frau von Sultan Abdülhamid. Selim wurde schließlich ermordet, und auch Aimée und ihr Sohn Mahmud (1785– 1839), der der Nächste in der Thronfolge war, befanden sich in Gefahr. Mahmud verbarg sich im Palast und konnte der Ermordung nur knapp entkommen.

Mustaphas kurze Regentschaft war geprägt von Brutalität und der Vernichtung all derer, die in Verdacht standen, Selim zu unterstützen. Doch die Verbündeten Mahmuds siegten und stürzten Mustapha, womit sich für Aimée die Prophezeiung der Seherin aus Martinique erfüllte. 1808 wurde ihr Sohn Sultan Mahmud II. und nahm entscheidende Reformen in Angriff, die weitgehend dem Einfluss seiner Mutter zugeschrieben werden. Nachdem sie zwei Jahrzehnte hinter den Mauern des Harems von Topkapi zugebracht hatte, wurde Aimée endlich »Valide Sultan«, also die »Königinmutter«.

Neun Jahre lang war Aimée »La Belle Sultane«. Als sie 1817 starb, soll sie von einem in Istanbul lebenden französischen Mönch die Sterbesakramente empfangen haben; dies dürfte das erste und letzte Mal gewesen sein, dass ein katholischer Priester einen Harem betreten hat.

Einige Historiker bezweifeln, dass Aimée und Naksh wirklich dieselbe Person waren. Sie weisen auf Ungereimtheiten in den Jahreszahlen hin und argumentieren, Aimée könne nicht Mahmuds Mutter gewesen sein, da sie sich zur Zeit seiner Geburt im Jahre 1785 nachweislich als Trauzeugin auf einer Hochzeit in Frankreich befunden habe. Andere Biografien liefern überzeugende Gegenbeweise.

Der von Schmerz überwältigte Mahmud ließ seine Mutter im Garten der Fatih-Moschee in Istanbul beerdigen. Er entwarf höchstpersönlich ihr Grabmal, das er mit folgendem von ihm verfassten Epitaph versehen ließ: »Ihre Größe und ihre Einzigartigkeit verwandelten ein Land in einen Rosengarten.«

Die Rose
»La Belle Sultane«

Rosentyp: Gallica
Einführung: möglicherweise eine in den
Niederlanden gefundene Rose aus dem
18. Jahrhundert
Züchter: unbekannt; eingeführt von
Dupont, Malmaison, Frankreich
Andere Namen: *Rosa gallica violacea*,
Rosa »Maheka«

*»La Belle Sultane« ist eine absolut hin-
reißende Rose, ebenso zauberhaft wie ihr
klingender Name. Ganz anders als eine
unterwürfige Haremsdame steht sie stolz
und hochaufgeschossen in unserem Garten
und präsentiert ihre Schönheit. Ihre leicht
gefüllten Blüten sind von einem samtigen,
kräftigen Rot (die traditionelle Farbe der
Gallicas) und nicken hoheitsvoll auf die
weniger majestätischen Rosen hinunter.
Sie erscheinen reichlich und werden im
Abblühen dunkelrot mit einem Stich ins
Bräunliche. In ihrer Mitte prangt ein
Kranz leuchtend goldener Staubgefäße; ein
überraschender Farbkontrast, der unwillkürlich ins Auge sticht.
Der Strauch wächst gerade und weist spär-
liches Blattwerk und dornige Stiele auf.
»La Belle Sultane« breitet sich ungeniert
im Garten aus und siedelt sich überall an,
denn sofern es sich um ein wurzelechtes
Exemplar handelt, bildet die Pflanze be-
reitwillig Ableger aus.
Diese Rose wurde von André Dupont für
die Gartenanlage des Château de Malmaison erworben und ist in der Liste aufge-
führt, die der Gärtner Jules Gravereaux
von Joséphines Rosen erstellt hat. Dupont,
der als erster Züchter die Pollenbestäubung
per Hand durchführte, galt als bester französischer Rosenzüchter seiner Zeit. Man
nannte ihn einen »Zauberer, der die Rosen
mithilfe seines Zauberstabes dazu zwingt,
die erstaunlichsten und wunderbarsten
Verwandlungen zu durchlaufen«.
Dupont war der Direktor des Jardin du
Luxembourg in Paris und später in Malmaison als Gärtner für Napoleon Bonapartes Frau Joséphine tätig. Möglicherweise
haben ihn die Beziehung zwischen Joséphine und Aimée und die mit den beiden
in Zusammenhang stehenden Ereignisse
dazu bewogen, diese Rose nach der Cousine seiner Arbeitgeberin zu benennen.*

Madame de Sombreuil

1768–1823

Die prächtige Rose dieses Namens, ursprünglich »Madame de Sombreuil«, ist meine absolute Favoritin. Benannt ist sie nach Jeanne Jacques Marie Anne Françoise de Virot (auch Marie-Maurille Virot de Sombreuil), einer schönen jungen Aristokratin, die ihren Vater vor den September-Massakern von 1792 rettete, die Teil der Schreckensherrschaft waren, die auf die Französische Revolution folgte.

Maries Vater, der betagte Charles François de Virot, Marquis de Sombreuil, ein Kommandeur der Royalisten, war Gouverneur der Veteranenkaserne Les Invalides und der dazugehörigen Waffenkammern. Als am Morgen des 14. Juli 1789 Revolutionäre auf den Invalidendom zumarschierten, versuchte der Marquis, die in seinem Gewahrsam befindlichen Gewehre unbrauchbar zu machen. Auch wenn ihm seine Truppen den Gehorsam verweigerten, war er nicht gewillt, den neuen Milizen die Waffen zu überlassen. Die Angreifer verschafften sich schließlich mit Gewalt Zugang und erbeuteten etwa 30 000 Gewehre, allerdings ohne Schießpulver oder Kugeln. Um an Munition und weitere Waffen zu kommen, stürmte die Meute anschließend das Gefängnis La Bastille – eines der entscheidenden Ereignisse der Revolution von 1789.

Zur unsterblichen »Heldin des Blutglases« wurde Marie allerdings erst, als ihr Vater 1792 festgenommen und eingekerkert wurde. Man verdächtigte ihn, sich antirevolutionär betätigt und der königlichen Familie geholfen zu haben. Gemeinsam mit anderen Aristokraten wurde er ins Abbaye-Gefängnis von Saint-Germain verfrachtet, wo die Insassen so eng zusammengepfercht wurden, dass sie sich nicht einmal setzen konnten. Marie blieb zunächst bei ihrem Vater, wurde aber dann von ihm getrennt und mit zwei weiteren jungen Frauen, die ebenfalls ihren männlichen Familienmitgliedern hatten beistehen wollen, über Nacht in die Kammer des Gefängniswärters gebracht.

Die Nachricht, dass preußische Truppen ins östliche Frankreich eingedrungen waren, löste in Paris eine Massenhysterie aus, und am 2. September nahmen die Massaker ihren Anfang. Der Pöbel drang in die Gefängnisse der Stadt ein, um die Revolutionsgegner zu töten und zu verstümmeln. Obwohl ihnen die Wachen versicherten, dass ihnen keine Gefahr drohe, wurden zwei Frauen massakriert, als sie versuchten, das Abbaye-Gefängnis zu verlassen.

Marie kämpfte sich durch die Massen zu ihrem Vater und erschien mit ihm vor einem behelfsmäßigen Tribunal. Sie argumentierte vor dem

Marie de Sombreuil greift nach dem mit Blut gefüllten Glas, das sie austrinken muss, um ihren Vater zu retten. Gemälde aus dem Jahr 1853 von Pierre Puvis de Chavannes (1824–1898).

Gericht, ihr Vater sei ein alter Mann, man solle in Anbetracht seines grauen Haars Gnade walten lassen und müsse sie schon töten, um sie daran zu hindern, ihn vor dem Tod zu beschützen.

Beeindruckt von ihrem mutigen, leidenschaftlichen Plädoyer soll der Aufseher über die Guillotine Marie aufgefordert haben, zum Beweis dafür ein Glas frisches Aristokratenblut zu trinken. Er reichte ihr ein Gefäß vom Schafott, das sie ohne zu zögern oder zu schaudern leerte. Dann brachte sie sich und ihren Vater unter dem dröhnenden Applaus der Umstehenden in Sicherheit. Es wurde allgemein angenommen, dass das Glas Blut enthielt, obwohl Marie de Sombreuil selbst angab, es habe sich lediglich um Rotwein gehandelt.

Doch in jenen Tagen währte Sicherheit nie allzu lange; Marie hatte für ihren Vater nur einen kleinen Aufschub erwirken können. 1793 wurde der Marquis erneut gefangen gesetzt. Wieder begleitete ihn Marie. Als sie in Abbaye eintrafen, sollen sich einem Bericht zufolge alle Gefangenen ehrfurchtsvoll erhoben haben. Maries Vater und Stanislas, der ältere ihrer beiden Brüder, wurden beschuldigt, gefangenen Aristokraten zur Flucht verholfen zu haben, und 1794 auf die Guillotine geschickt. Marie überlebte und wurde überall als große Heldin und als Inbegriff einer tugendhaften Tochter gepriesen.

1796 heiratete sie den Grafen de Villelume. Über ihr weiteres Leben ist wenig bekannt. Offenbar war sie in späteren Jahren wenig begütert, denn es gibt Dokumente, die belegen, dass sie bei Louis XVIII., dem Restaurationskönig, um eine Zuwendung für die Erziehung ihres Sohnes bat. Die Erinnerung an sie hat bis heute überdauert – in der Legende, auf einem Bild von Puvis de Chavannes, in einem Gedicht von Victor Hugo und in Gestalt der schönsten aller Rosen.

Die Rose »Madame de Sombreuil«

Rosentyp: kletternde Teerose
Einführung: 1850
Züchter: Robert, Angers, Frankreich
Abstammung: unbekannt (Stephen Scanniello), möglicherweise *Rosa gigantesque* x unbekannte Hybride, Dauerblüher (Graham Stuart Thomas)

Bei den Beschreibungen und Abbildungen dieser Rose gibt es einige Ungereimtheiten. Teils wird sie als elfenbeinweiße Rose mit locker sitzenden Blütenblättern beschrieben, an anderer Stelle heißt es, sie habe stark duftende, kompakte Blüten. Laut Scanniello ist die Rose, die wir als »Madame de Sombreuil« kennen, nicht dieselbe, die in der Literatur des 19. Jahrhunderts erwähnt wird. Das bestätigt auch Peter Harkness in seinem Buch Rosen: Die schönsten Illustrationen der Horticultural Society, London. Die Rosenspezialisten Peter Beales, Roger Phillips, Martin Rix und weitere Experten beschreiben »Madame de Sombreuil« jedoch anders als Scanniello und Harkness.

Wo auch immer ihr biologischer Ursprung liegen mag, die Blume, die in unseren Gärten als »Madame de Sombreuil« wächst, ist eine wunderbare Rose, die wir nicht missen wollen. Ihre flachen, geviertelten Blüten sind satt cremeweiß und verströmen ein köstliches Tee-Aroma. In geöffnetem Zustand weisen sie in der Mitte einen rötlichen Anstrich auf, genau wie die Knospen an der Außenseite.

»Madame de Sombreuil« ist eine Buschrose, klettert aber auch ein wenig. In unserem Klima blüht sie durchgehend. Die Wuchsform des Strauchs wirkt nicht sonderlich elegant, das Blattwerk ist dicht und üppig grün. »Madame de Sombreuil« gilt als etwas frostempfindlich, doch hier in Neuseeland kann sie sich unbeeinträchtigt von Frost (oder Revolutionen) entfalten. Wir werden sie hüten wie einen kostbaren Schatz, wie es im Graham Stuart Thomas Rosebook empfohlen wird.

Adélaïde von Orléans

1777–1847

Adélaïde von Orléans war ein Mitglied der in Frankreich regierenden Familie der Bourbonen und die geliebte Schwester des letzten französischen Königs Louis-Philippe I. von Frankreich (1773–1850). Ihr Leben war von den Folgen der Französischen Revolution und den Unruhen der Napoleonischen Ära und damit von politischer Unsicherheit und Exil geprägt. Gleichzeitig war sie ihrer Familie in tiefer Loyalität verbunden.

Ihre Eltern waren Louis-Philippe-Joseph und Louise-Marie von Bourbon, der Herzog und die Herzogin von Orléans, ein etwas extravagantes Paar, das zu den reichsten Adeligen von Frankreich gehörte. Sie wandten sich vom Hof Ludwigs XVI. und Marie Antoinettes ab, und als 1789 die Revolution ausbrach, veranlasste seine liberale Einstellung den Herzog von Orléans, mit den Revolutionären zu sympathisieren und sich gegen die königliche Familie zu stellen. Er ging als »Bürgerkönig« in die Geschichte ein; beim Gerichtsverfahren gegen Ludwig XVI. stimmte er für die Exekution des Königs.

Adélaïde und ihr Bruder wurden von der Geliebten ihres Vaters aufgezogen und unterrichtet, einer kultivierten und frei denkenden Dame namens Madame de Genlis, die ebenfalls die Ideale der Revolution unterstützte. Madame de Genlis war Mitglied des königlichen Haushalts und beeinflusste das Leben der Kinder entscheidend. Adélaïdes Eltern lebten getrennt; Adélaïde war bereits 16, als sie ihre Mutter kennenlernte.

Nach der Exekution von Ludwig XVI. im Januar 1793 flohen viele Aristokraten aus Angst vor der Schreckensherrschaft der Revolutionäre, die im September dieses Jahres begann. Adélaïdes Bruder Louis-Philippe beschwor Madame de Genlis, seine Schwester außer Landes zu bringen. Sie konnten gerade noch rechtzeitig entkommen und trafen Louis-Philippe in der Schweiz; kurze Zeit später erließ man für alle Angehörigen des Hauses Bourbon Haftbefehle. Adélaïdes Vater wurde, obwohl er das Volk unterstützt hatte, von einem Revolutionsgericht verurteilt und auf die Guillotine geschickt.

Adélaïde lebte 21 Jahre im Exil und reiste von einem europäischen Land ins andere, und ihr Bruder verbrachte einige Jahre in Amerika. Nach seiner Rückkehr ließen sich die beiden in England nieder. 1814, als die Monarchie wiederhergestellt war, kehrte Adélaïde mit ihrem Bruder nach Frankreich zurück und wurde seine engste Freundin, Vertraute und Ratgeberin. Da sie die einzigen Überlebenden aus ihrer Familie waren, trennten sie sich nur selten. Adélaïde vermählte sich heimlich mit General Baron Athalin, einem Feldkameraden ihres Bruders und angesehenen Wissenschaftler und Ingenieur, der Offizier in Napoleons Armee gewesen war.

Louise-Marie Adélaïde, Gräfin von Orléans. Porträt des 19. Jahrhunderts von Marie-Amélie Cogniet (1798–1869).

1830 erlebte Adélaïde die Krönung Louis-Philippes zum »Bürgerkönig« von Frankreich, nachdem man den reaktionären Charles X. (1757–1836) zur Abdankung gezwungen hatte. Louis-Philippe, der für seine liberale politische Einstellung bekannt war, wurde nach der Julirevolution von der Deputiertenkammer auf den Thron berufen und nannte sich »König des Volkes«. Adélaïde soll bei seiner Bestellung gesagt haben: »Wenn [das Volk] der Ansicht ist, dass unsere Familie der Revolution von Nutzen sein kann, steht sie ihm gerne zur Verfügung.« Louis-Philippe suchte häufig ihren Rat in Staatsangelegenheiten. In ihrem Nachruf heißt es, sie sei »eine Frau mit sicherem Urteil und ruhiger, überlegter Entschlusskraft« gewesen.

Adélaïde starb im Dezember 1847 nach langer, schwerer Krankheit im Alter von siebzig Jahren. Zwei Monate später dankte Louis-Philippe angesichts wachsender Unruhen ab. Er war verzweifelt über den Tod seiner Schwester und verfiel in eine tiefe Depression. Ihre Nichte stellte damals fest: »Für ihn ist es ein unersetzlicher Verlust. Meine Tante lebte nur für ihn; fast könnte man sagen, dass ihre gegenseitige herzliche Verbundenheit es war, die sie in diesen letzten Jahren am Leben gehalten hat.«

Die Rose »Adélaïde d'Orléans«

Rosentyp: Sempervirens-Hybride
Einführungsdatum: 1826
Züchter: Jacques, Orléans, Frankreich
Abstammung: *Rosa sempervirens* x *Rosa* »Parson's Pink China«
Alternative Namen: *Rosa* »Léopoldine d'Orléans«

Diese bezaubernde Rose, die nur einmal jährlich blüht, ist eine echte Frühlingsbotin. Ihre Blüten sind die ersten, die im Garten erscheinen, und sie sind so einzigartig, dass es sich lohnt, zehn Monate auf sie zu warten. Sie wächst kaskadenartig, die Blüten erscheinen in dichten Büscheln, fast wie große doppelte Kirschblüten. Die Knospen sind außen rosa und öffnen sich zu elfenbeinweißen Blüten mit einem rosaroten Schimmer in der Mitte. Die Sempervirens-Rosen wurden in der viktorianischen Zeit als »immergrüne Rosen« bekannt, und auch »Adélaïde d'Orléans« ist üppig mit glänzenden, immergrünen Blättern bestückt. Sie ist eine vitale und zugleich bescheidene Kletterrose mit winzigen Dornen auf langen, biegsamen Zweigen. Wie alle Sempervirens-Hybriden verbreitet sie einen berauschenden Moschusgeruch.

Antoine A. Jacques (1782–1866), der Chefgärtner von Adélaïdes Bruder Louis-Philippe, hat sich um diese kleine Rosengruppe, die die Pollen der Rosa sempervirens *zur Bestäubung nutzt, besonders verdient gemacht. Jacques war der Sohn eines Gärtners und wurde als Gartenarchitekt und Schriftsteller sowie als Verwalter der Familiengüter des Hauses Orléans bekannt. Als Louis-Philippe abdankte, war auch Jacques gezwungen zu fliehen und lebte trotz seiner langen, erfolgreichen Karriere von da an bis zu seinem Tod in ärmlichen Verhältnissen.*

Seine Rosen erwiesen sich als ein dauerhaftes Zeugnis seines Könnens als Rosenzüchter: 1819 brachte er die erste Saat der »Rose Edouard« aus. Bei dieser handelt es sich um eine natürliche Kreuzung von Rosa x damascena bifera *(»Four Seasons«) mit der China-Rose »Old Bush« von der Île Bourbon, aus welcher die Bourbon-Rosen hervorgingen. Diese Gruppe lebt heute in der schönen Rose »Souvenir de la Malmaison«, aber auch in »Souvenir de la Princesse Lamballe« (besser bekannt als »Bourbon Queen«) und anderen weiter.*

Die Herzogin von Angoulême

1778–1851

Marie Antoinette, Königin von Frankreich, begrüßte ihr erstes Kind mit den Worten: »Armes kleines Mädchen. Du bist nicht, was man erwartete, aber deshalb bist du mir nicht weniger lieb. Ein Sohn hätte dem Staat gehört. Du aber wirst mir gehören.«

Marie Thérèse Charlotte von Frankreich, die spätere Duchesse d'Angoulême, war die älteste Tochter von Marie Antoinette (1755–1793) und Louis XVI. (1754–1793). Sie sollte die Einzige ihrer Familie sein, die überlebte. Im Laufe ihres bewegten Lebens, in dem sie auch von Gefangenschaft und Exil nicht verschont blieb, wurde sie für einen ganz kurzen Augenblick sogar Königin von Frankreich.

Als älteste Tochter des Königs hatte Marie Thérèse den Titel »Madame Royale« inne und genoss die ersten zehn Jahre ihres Lebens allen Luxus des extravaganten Hoflebens, bis 1789 in Paris die Revolution ausbrach. Um gegen den hohen Brotpreis zu protestieren, riefen die Frauen der Stadt zum Marsch nach Versailles auf und stürmten die königliche Residenz. Nach einer ereignisreichen Nacht zwang man die königliche Familie, das Schloss zu verlassen, und stellte sie im Pariser Tuilerien-Palast unter Hausarrest.

Dort verlief das Leben zunächst weitestgehend normal. Die Familie genoss weiterhin viele Privilegien, doch als sich die politische Situation zwei Jahre später verschärfte, unternahmen der König und die Königin den verzweifelten Versuch, sich mit der mittlerweile zwölfjährigen Marie Thérèse und ihrem jüngeren Bruder Louis-Charles (1785–1795) ins sichere Ausland abzusetzen. Sie wurden erkannt und in Varennes-en-Argonne, nur wenige Kilometer vor der deutschen Grenze, gefangen genommen.

Da das Volk immer nachdrücklicher nach einer Republik verlangte, brachte man die königliche Familie 1792 in das berüchtigte Temple-Gefängnis und betrieb die Absetzung des Königs Louis XVI. Er starb im Januar 1793 auf der Guillotine; einige Monate später brachte man Marie Antoinette in das heruntergekommene Conciergerie-Gefängnis. Beim Abschied von ihren Kindern umarmte Marie Antoinette ihre Tochter zärtlich und trug ihr auf, nie den Mut zu verlieren. Sie sah ihre Kinder nicht wieder. Drei Tage und Nächte lang wurde die Königin verhört. Die Richter waren beeindruckt von ihrem würdevollen Auftreten und fürchteten, andere könnten sich ein Beispiel an ihr nehmen. Im Oktober wurde sie exekutiert, während draußen auf den Straßen der tobende Mob ihren Tod forderte.

Die junge Marie Thérèse mit ihrem Bruder, dem Thronfolger Louis-Joseph-Xavier, der im Alter von acht Jahren starb. Porträt aus dem Jahr 1784 von Elisabeth Louise Vigée-Lebrun (1755–1842).

Marie Thérèse erfuhr erst viel später Details über das Schicksal ihrer Familie und schrieb daraufhin über ihre Mutter: »Sie ging mutig in den Tod, verfolgt von den Verwünschungen, die die unglücklichen, irregeleiteten Menschen gegen sie ausstießen. Der Mut verließ sie weder auf dem Karren noch auf dem Schafott; sie zeigte sich im Tod ebenso furchtlos, wie sie es im Leben getan hatte.«

Die junge Marie Thérèse bemühte sich wiederholt, ihren Bruder zu sehen, der nun von den Royalisten zum König Louis XVII. erklärt wurde. Sie ahnte nicht, dass man ihn allein in einer schmutzigen Zelle gefangen hielt, wo er im Alter von zehn Jahren an Krankheit und Hunger starb. Ihr ganzes Leben lang verfolgte sie das Gerücht, er sei gerettet worden, doch alle, die sich als der verlorene Thronfolger ausgaben, entpuppten sich als Betrüger.

Marie Thérèse, das »Waisenkind des Temple«, überlebte wie durch ein Wunder sowohl die Gefangenschaft als auch das Schreckensregime der Revolutionäre. In die Mauer ihrer Kammer waren folgende Worte eingekratzt: »Marie Thérèse ist das unglücklichste Geschöpf der Welt. Sie erfährt nichts über ihre Mutter, sie kann nicht mit ihr zusammen sein, obwohl sie viele tausend Male darum gebeten hat. Lebe, meine gute Mutter! Die ich sehr liebe, aber von der ich nichts erfahre. O mein Vater! Wache vom Himmel oben über mich. O mein Gott! Vergib denen, die meine Familie sterben ließen.« Als sie mit 17 schließlich freigelassen wurde, ging sie nach Österreich, in die Heimat ihrer Mutter, und lebte am Hof ihres Cousins, des Kaisers Franz II. (1768–1835).

Ihr ehrgeiziger Onkel, Louis-Stanislas-Xavier (1755–1824), erklärte sich nach dem Tod von Louis-Charles zum König Louis XVIII. und war fest entschlossen, die Dynastie der Bourbonen fortzusetzen. 1799 arrangierte er eine Heirat zwischen Marie-Thérèse und ihrem Cousin Louis-Antoine, dem Herzog von Angoulême (1775–1844), der jetzt an zweiter Stelle der französischen Thronfolge stand. Von diesem Moment an war ihr Schicksal mit dem ihres Gatten und dem Adelsgeschlecht der Bourbonen verknüpft. Für Marie-Thérèse begann nun eine andere Art der Gefangenschaft, denn ihre Ehe mit Louis-Antoine war zutiefst unglücklich. In seinem Nachwort zu ihren Tagebüchern stellte sich Charles Augustin Sainte-Beuve die Frage, ob Madame d'Angoulême wohl einen einzigen glücklichen Tag erlebte, nachdem sie das Temple-Gefängnis verlassen hatte.

Während der Herrschaft von Napoleon Bonaparte, der 1799 zum Ersten Konsul wurde, lebten der Herzog und die Herzogin von Angoulême in Großbritannien, Polen und Russland. Die langen Jahre ihres Exils endeten 1814 mit der Niederlage Napoleons und der Restituierung der französischen Monarchie. Marie Thérèse kehrte zurück nach Frankreich, wo in den folgenden Jahren unter der Regierung ihrer beiden Onkel, Louis XVIII. und Charles X. (1757–1836), der französische Hof wiedererstand. Als im

Februar 1815 Napoleon seiner Gefangenschaft auf der Insel Elba entkam, versuchte Marie Thérèse den Widerstand zu organisieren, was fehlschlug – die königlichen Truppen desertierten, um sich Napoleon anzuschließen.

So ging es erneut ins Exil. Vier Monate später kam sie zum letzten Mal zurück, nachdem Napoleon wieder gefangen gesetzt und auf die Insel St. Helena an der Westküste von Afrika verbannt worden war. Die Monarchie wurde erneut wiederhergestellt, und als Charles X. während der Julirevolution von 1830 abdankte, waren Marie Thérèse und Louis-Antoine ganze zwanzig Minuten lang Königin und König von Frankreich, ehe Louis-Antoine auf den Thron verzichtete und Louis-Philippe zum »Bürgerkönig« wurde. Der Herzog und die Herzogin gingen daraufhin für immer ins Exil.

Marie Thérèse überlebte sowohl ihren Mann als auch ihren Onkel. Sie verbrachte ihre letzten Jahre in Österreich. Sie starb im Alter von 72 Jahren, 21 Jahre nachdem sie Frankreich für immer verlassen hatte, und wurde in der Kapelle des Franziskanerklosters Kostanjevica begraben, das sich auf einem Felsenhügel nahe der heutigen slowenisch-italienischen Grenze befindet. Dort ruht sie zwischen Charles X. und ihrem Mann, dem Herzog von Angoulême.

Dieses Anfang des 19. Jh. entstandene Porträt von Marie Thérèse wird Friedrich Heinrich Füger (1751–1818) zugeschrieben.

Die Rose »Duchesse d'Angoulême«

Rosentyp: Gallica
Einführung: ca. 1835
Züchter: Vibert, Angers, Frankreich
Abstammung: unbekannt

»Duchesse d'Angoulême« ist eine prächtige Rose mit intensivem Duft. Ihre pinkfarbenen Knospen entfalten sich zu hübschen kleinen Blüten, deren hellrosa Petalen leicht nach hinten gebogen sind und in ihrer Zartheit fast durchscheinend wirken, weshalb sie auch Wachs-Rose genannt wird. Die anmutigen runden Blüten wachsen in lockeren Dolden, die sanft im Wind nicken.

Auch wenn sie nicht die kräftige, königlich rote Farbe der meisten Gallicas hat, weist sie sonst alle typischen Merkmale dieser Sorte auf: Die Blätter sind rau und mattgrün, der Strauch wird kaum hüfthoch und ist klar strukturiert, die gebogenen Zweige sind praktisch dornenfrei.

Jean-Pierre Vibert (1777–1866), der kreativste französische Rosenzüchter des 19. Jahrhunderts, war auf Gallicas spezialisiert und schuf mehr als 600 Rosen, von denen sechzig noch heute kultiviert werden. Da die Abstammung von »Duchesse d'Angoulême« unbekannt ist, sind sich die Rosenzüchter nicht ganz einig, ob sie eine Gallica oder eine Zentifolia-Kreuzung ist; Vibert jedenfalls beschrieb sie als Gallica.

Die Herzogin von Montebello

1782–1856

Louise Antoinette de Guéhéneuc, eine außergewöhnlich schöne Frau der napoleonischen Zeit in Frankreich, war die Tochter von François Scholastique, Graf von Guéhéneuc, Finanzier und Senator. Es heißt, dass sie mit ihrem blassen, jungfräulichen Gesicht den Madonnenbildern des italienischen Renaissance-Meisters Raffael ähnelte. Napoleon Bonaparte selbst erhob ihren Liebreiz und ihr Benehmen eine Zeit lang zum Ideal, das allen anderen Frauen zum Vorbild dienen sollte. Das Urteil über ihren Charakter fiel allerdings recht unterschiedlich aus. So soll sie eine keusche, kühle Schönheit gewesen sein, aber auch geldgierig und missgünstig und zudem eine eingefleischte Jakobinerin, die die radikalsten Bewegungen der Französischen Revolution unterstützte.

Louise Antoinette zählte nicht zum Hochadel, sondern zur *bonne bourgeoisie*, dem begüterten Bürgertum, jener Mittelschicht, der unter anderem die Handelsleute angehörten. Der Reichtum ihrer Familie verhalf ihr zum Aufstieg in die Pariser Gesellschaft. Dort erregte sie die Aufmerksamkeit Napoleons, der gern pompöse Hochzeiten arrangierte. Er brachte sie mit Marschall Jean Lannes (1769–1809), einem seiner bevorzugten Generäle, zusammen. Lannes schreibt in seinen Memoiren, er habe Louise Antoinette auf einem großen Ball kennengelernt, wo er mit zwei Frauen tanzte: mit einer Blondine, die ihn zuerst faszinierte, dann mit einer Brünetten, die er später heiratete. Sie wurden am 15. September 1800 getraut.

Lannes wurde später zum Herzog von Montebello ernannt – eine Ehrung für seinen entscheidenden Einsatz bei der siegreichen Schlacht in der Nähe des gleichnamigen Ortes in der italienischen Lombardei. Im Gegensatz zu anderen Verbindungen, die Napoleon gestiftet hatte, scheinen Lannes und die Herzogin eine glückliche Ehe geführt zu haben, doch bereits 1809 wurde sie Witwe.

Lannes starb an den Folgen einer Kriegsverwundung, die er in der Schlacht von Aspern-Essling nahe Wien erlitt. Er soll, bekümmert über die Schrecken und die Sinnlosigkeit des Krieges, während einer Gefechtspause mit gekreuzten Beinen am Rand eines Grabens gesessen haben, als ihn eine Granate in die Knie traf. Ein Bein wurde gleich an Ort und Stelle amputiert, ohne Betäubung oder hygienische Maßnahmen, das andere wurde ihm etwas später abgenommen. Einige Tage danach starb er an

Louise Antoinette mit ihren fünf Kindern. Gemälde von Baron François Pascal Simon Gérard (1770–1837).

einer Infektion. In einem Brief an die Herzogin schrieb Napoleon: »Heute morgen ist mein Cousin, der Marschall, an der Verwundung gestorben, die er auf dem Feld der Ehre erlitten hat. Mein Kummer ist genauso groß wie der Ihre. Der General war der vorzüglichste Mann meiner Armee und seit vielen Jahren mein Kamerad, und ich habe ihn als meinen besten Freund betrachtet. Ihre Kinder werden stets ein ausdrückliches Anrecht auf meine Protektion haben, dessen kann ich Sie versichern.« Napoleon berief die Herzogin von Montebello an den Hof und ernannte sie in Anerkennung der von Lannes geleisteten Dienste zur obersten Ehrendame seiner zweiten Frau Marie-Louise, der Nachfolgerin von Kaiserin Joséphine. Hortense, Joséphines Tochter aus erster Ehe, schrieb über die Herzogin, sie sei noch jung und schön und werde von allen bewundert und ihre Ernennung beweise, dass Napoleon die Helden, die zum Ruhme ihres Landes starben, nicht vergesse.

Nach der kaiserlichen Hochzeit im März 1810 beschloss die Herzogin – unklugerweise, wie sich herausstellen sollte –, sich heimlich Zugang zum Leichnam ihres Mannes zu verschaffen, den man zur zeremoniellen Bestattung nach Paris überführt hatte. Dies war für sie die einzige Gelegenheit, Lannes zu sehen und ihn zu betrauern. Mitten in der Nacht überredete sie die königlichen Wachen, sie in die Krypta zu lassen, wo sie jedoch zusammenbrach, als sie die schauerlich mumifizierten Überreste ihres Mannes sah. Der Schock, den sie beim Anblick ihres geliebten Gatten erlitt, bewirkte, dass sie für einige Zeit schwer erkrankte.

Nachdem sie sich schließlich wieder erholt hatte, trat sie ihren Dienst an der Seite der neuen Kaiserin an und übte bald einen beträchtlichen Einfluss auf Staatsangelegenheiten und den kaiserlichen Haushalt aus. Insgeheim hasste sie Napoleon, und auch das Leben bei Hofe gefiel ihr nicht, aber sie wurde einer der wenigen engen Freunde der einsamen, sensiblen jungen Kaiserin. Hortense schreibt, Marie-Louise habe »eine Bewunderung für die Herzogin gehegt, die vielen Leuten unverständlich erschien«.

Die neue Kaiserin lebte im Grunde genommen wie eine Gefangene im goldenen Käfig, denn sie durfte nur Umgang mit Menschen haben, die Napoleon bereits vorgestellt worden waren. Die Herzogin fungierte als ihr Fenster zur Welt; sie berichtete ihr von belanglosen Zankereien und belebte ihr abgeschirmtes Dasein mit dem neuesten Gesellschaftsklatsch. Sie wurde die engste Vertraute der Kaiserin und verweigerte sich Napoleons Wunsch, ihre Herrin auszuspionieren.

Die Herzogin von Montebello wurde unersetzlich. Sie war für Marie-Louises alltägliche Angelegenheiten zuständig, umging Hofintrigen und

Zerwürfnisse und hielt sie von anderen Einflüssen fern. Sie verhielt sich der Kaiserin gegenüber stets loyal, und als Marie-Louise sich dagegen wehrte, Napoleon ins Exil nach Elba zu begleiten, verdächtigte er Louise Antoinette, sie dazu überredet zu haben. Durch diesen angeblichen Verrat zog sich Louise Antoinette seine tiefe Verachtung zu.

Nach Napoleons Gefangensetzung und Marie-Louises Flucht nach Österreich im Jahr 1814 entschied sich die Herzogin von Montebello, offenbar ohne Bedauern, für den Rückzug aus der Öffentlichkeit und verbrachte die restlichen 42 Jahre ihres Lebens in der Gesellschaft ihrer Kinder und ihrer Familie. Einen Heiratsantrag von König Ferdinand VII. von Spanien lehnte sie ab – sie zog es vor, ihren stolzen Namen in Ehren zu halten.

Louise Antoinette, Miniatur aus dem 19. Jh. von Jean Baptiste Isabey (1767–1855).

Die Rose »Duchesse de Montebello«

Rosentyp: Gallica
Einführung: 1829
Züchter: Laffay, Auteuil, Frankreich
Abstammung: unbekannt, möglicherweise *Gallica* x *China*

»Duchesse de Montebello« ist von ebenso unterkühlter Schönheit und sanfter Raffinesse wie ihre Namensvetterin und wirkt so anmutig wie ein viktorianisches Porträt. Ihre kleinen, doppelt gefüllten und ordentlich gevierteilten Blüten erscheinen früh und sind von einem femininen, zarten Rosa, das im Abblühen noch etwas heller wird. Der Strauch ist kräftig und gerade gewachsen, die Zweige biegen sich bei dichtem Blütenstand tief nach unten. Die renommierte neuseeländische Rosenspezialistin Nancy Steen muss diese Rose besonders geliebt haben, denn in The Charm of Old Roses (1966) beschreibt sie sie mit folgenden begeisterten Worten: »Die eher kleinen Blüten sehen aus, als hätte man sie künstlich hergestellt, indem man aus schön gefälteltem, rosarotem Chiffon einen Volant auf den anderen um ein hellgrünes Knopfauge gelegt hat. Ihr Anblick ruft unwillkürlich Bewunderung hervor, sei es an dem hohen Busch im Garten oder in einem Arrangement alter Rosen.«
Ein solch seltenes Prunkstück darf in unserem Garten, in dem sie sich übrigens gut vermehrt, natürlich nach Belieben wachsen und gedeihen. Wie die Damen der guten Gesellschaft von ehedem verträgt sie auch etwas Schatten Ihr Blattwerk ist graugrün und dicht. Diese bezaubernde, edle Rose, deren Farbgebung recht untypisch ist für eine Gallica, darf meines Erachtens in keinem Garten fehlen; sie ist eine der wenigen Rosen, die ich in unser neues Zuhause mitgenommen habe.
Jean Laffay, der »Duchesse de Montebello« eingeführt hat, wurde 1794 in Paris geboren und begann seine Karriere als Gärtner in einer Rosenschule. Er hat vierzig Jahre lang – von 1815 bis 1855 – Rosen gezüchtet und sich als Vater der Remontant-Rosen einen Namen gemacht. Er bestäubte seine Rosen nicht mit der Hand, sondern verließ sich auf die natürliche Befruchtung, wobei er jährlich etwa 200 000 Sämlinge zog. Schade nur, dass der Züchter einer solch wunderbaren Gallica-Rose durch seine Kreation, die Remontant-Rosen, zum allmählichen Verschwinden vieler einmalblühender Sorten wie beispielsweise »Duchesse de Montebello« beigetragen hat.

Die Herzogin von Auerstädt

Louise Aimée Julie / Leclerc (1782–1868)/Jeanne Alice de Voize (1845–1935)

Möglicherweise wurde diese Rose nach der zweiten Frau eines napoleonischen Feldmarschalls benannt, der sogar während langer Kriegszüge die Zeit fand, rührende Liebesbriefe zu schreiben. Noch wahrscheinlicher ist aber, dass die Rose den Namen einer Frau trägt, die etwa 63 Jahre später geboren wurde und mit dem Neffen ebendieses Feldmarschalls verheiratet war. Diese zweite Herzogin von Auerstädt betörte just zu der Zeit, als eine neue Rosenzüchtung benannt werden sollte, die gesellschaftlichen Kreise mit ihrer Schönheit. Da es keine verlässlichen Belege dafür gibt, an welche dieser beiden Frauen die zart-goldenen Blüten der »Duchesse d'Auerstädt« erinnern sollen, erzähle ich hier kurzerhand beide Lebensgeschichten.

Maréchal Louis Nicolas Davout, Herzog von Auerstedt [sic!] (1770–1823), auch als Napoleons »Eiserner Feldmarschall« bekannt, war zweimal verheiratet. Davout hieß ursprünglich d'Avout, änderte seinen Namen jedoch zu Beginn der Französischen Revolution in eine weniger aristokratische Schreibweise. Er war der fähigste von allen Generälen Napoleons; ein Mann, der seinen Truppen äußerste Disziplin abverlangte. Seine zweite Frau Louise Aimée Leclerc war eine Schwester des Generals Charles Leclerc, der mit Napoleon Bonapartes jüngerer Schwester Pauline verheiratet war.

Aimée, wie Davout sie nannte, war 18, als sie sich kennenlernten, und die entzückende Lieblingstochter reicher, prominenter Eltern. Als er sie ein Jahr später, im Jahre 1801, vor den Traualtar führte, heiratete der ehrgeizige Feldmarschall damit in den illustren Bonaparte-Clan ein.

Während der ersten 14 Jahre ihrer Ehe war Davout die meiste Zeit im Kriegsdienst. In einem Brief schrieb er seiner »kleinen Aimée«: »Dein Herz und all Deine seltenen, wunderbaren Eigenschaften sind stets in meinen Gedanken. Es küsst dich tausend Mal Dein Louis.« Trotzdem verfiel er bald wieder in die Gewohnheiten seiner Junggesellenzeit, wobei nicht sicher ist, ob er ihr je untreu war.

Aufzeichnungen zufolge brachte Aimée zwölf Kinder zur Welt, von denen aber nur vier das Erwachsenenalter erreichten. Sie war eine hingebungsvolle Mutter und betrauerte den Tod jedes einzelnen Kindes zutiefst. Aufgrund ihrer schwachen Konstitution und ihrer Depressionen bevorzugte sie ein ruhiges Leben fernab des französischen Hofes und hielt sich meist auf ihrem südlich von Paris gelegenen Gut in Savigny-sur-Orge auf. Ihr Ehemann ermahnte sie in etwas ungehaltenem Ton, sie solle doch

Dieser Stich aus dem 19. Jh. nach einem Gemälde von Henri-Pierre Danloux (1753–1809) zeigt Louise Aimée Julie Leclerc, Herzogin von Auerstädt, mit zweien ihrer zwölf Kinder.

»besser auf ihre Gesundheit achten und sich lieber um ihr ungeborenes Kind kümmern als um das tote«.

Trotz seiner langen Abwesenheiten lag Davout die Erziehung seiner Söhne am Herzen. In einem Brief schärfte er seiner Frau ein: »Ich möchte Dir nahelegen, dass Du unseren beiden Söhnen beibringst, die Engländer und die Russen aus tiefstem Herzen zu hassen.« Wiederholt forderte er Aimée auf, mehr Zeit in Paris zu verbringen und Interesse für die Belange des Hofes zu zeigen, doch sie zog das abgeschiedene Leben vor.

Mit dem Zusammenbruch des Kaiserreiches im Jahre 1815 verlor die Familie ihre soziale und finanzielle Vorrangstellung. Davout wurde gefangen genommen und verbannt, später aber von König Louis XVIII. begnadigt. Er starb 1823 im Alter von 53 Jahren. Aimée erlebte noch die Erfindung der Schreibmaschine und das erste öffentliche Radrennen im Parc de Saint-Cloud in Paris, ehe sie, 45 Jahre nach ihrem Mann, starb.

Zwanzig Jahre später, zu der Zeit, als die Rose »Duchesse d'Auerstädt« eingeführt wurde, war unsere zweite Kandidatin eine vielbeachtete Erscheinung in der französischen Gesellschaft.

Jeanne Alice de Voize heiratete 1868 Leopold d'Avout, der ein Neffe von Aimée war und die Titel der Familie d'Avout geerbt hatte. Inzwischen war die Schreibweise des Familiennamens wieder seinen aristokratischen Ursprüngen entsprechend zurückverwandelt worden, und Napoleon III. (1808–1873) hatte per Erlass den Titel Herzog von Auerstaedt [sic!] gewährt. Da es in Aimées Familie keine männlichen Nachkommen gab, ging der Herzogtitel auf Leopold über.

Leopold zog sich eine schwere Verwundung zu, als er auf der Seite der kaiserlichen Truppen gegen die Pariser Kommune (28. März bis 28. Mai 1871) kämpfte, den radikalen Stadtrat, der als Folge der französischen Niederlage im Deutsch-Französischen Krieg spontan gegründet worden war. In den letzten Tagen der Auseinandersetzung erlitt er einen Kopfschuss, den er jedoch glücklicherweise überlebte. Er wurde für seine Tapferkeit umgehend zum Brigadegeneral befördert und erhielt den Posten eines Militär-Gouverneurs in Lyon.

Und in Lyon wurde auch die Rose »Duchesse d'Auerstädt« von Alexandre Bernaix gezüchtet und 1888 eingeführt. Jeanne Alice und Leopold gehörten in dieser Zeit zur einflussreichen Oberschicht der Lyoner Gesellschaft, und es wäre durchaus denkbar, dass Bernaix, wie es üblich war – und auch heute noch ist –, Jeanne Alice als eine wichtige Persönlichkeit des öffentlichen Lebens und als Gattin eines Helden ehren wollte.

Jedenfalls nahm das Paar rege am gesellschaftlichen Leben teil und reiste 1896 sogar nach London, um Frankreich bei Königin Viktorias Diamantenem Regierungsjubiläum zu repräsentieren.

Die Rose »Duchesse d'Auerstädt«

Rosentyp: Noisette
Einführung: 1888
Züchter: Bernaix, Lyon, Frankreich
Abstammung: Sport (Zufallsmutation) von *Rosa* »Rêve d'Or«
Andere Namen: *Rosa* »Mme la Duchesse d'Auerstaedt«

Graham Stuart Thomas, Experte für alte Rosen, betont, es handle sich bei »Duchesse d'Auerstädt« um eine wertvolle Varietät. Sie ist eine wenig bekannte Zufallsmutation von »Rêve d'Or«, einer nicht minder schönen goldfarbenen Kletterrose. Die üppigen geviertelten Blüten sind doppelt gefüllt und sitzen auf langen Stielen; ihre Farbe ist eine interessante Mischung aus Aprikose, Lachsrosa und Gold. Die festen Knospen sind im Vergleich zu den Blüten relativ klein und etwas dunkler. »Duchesse d'Auerstädt« fällt aber nicht nur optisch auf, sondern auch wegen ihres intensiven, köstlichen Dufts, der an Tee erinnert. Wie die meisten Noisette-Rosen ist auch diese sehr vital. Sie hat große, zarte Blätter von mattgrüner Farbe und relativ wenig Stacheln, und das Laub, das im Austrieb purpurrot ist, bildet einen schönen Kontrast zu den Blüten.
Das populäre Pflanzen-Nachschlagewerk Botanica gibt zwar an, »Duchesse d'Auerstädt« sei ein Frühlingsblüher, bei dem im Herbst ein etwas bescheidenerer zweiter Flor folgt, doch hier in unseren Gärten in Neuseeland treibt sie auch im Hochsommer Unmengen ihrer gelbgrünen Knospen – vorausgesetzt, das Wetter ist schön. Feuchtes Wetter mag sie gar nicht – bei Regen ballen sich ihre Knospen zusammen und bleiben geschlossen.
Alexandre Bernaix (1831–1905), ihr Züchter, begann seine Karriere 1869 in Villeurbanne-Lyon. Seine Baumschule wurde bald die größte in Lyon und beherbergte später sogar die größte Rosenplantage Frankreichs. Er züchtete zwischen 1886 und 1897 um die vierzig Rosen, eine schöner als die andere. Seine bekannteste Züchtung ist die reizende »Souvenir de Madame Léonie Viennot«, eine auffällige kletternde Teerose.

Die Gräfin von Cayla (frz. Comtesse du Cayla)

1785–1852

Die Comtesse du Cayla (geborene Zoé Victoire Talon), die spätere intime Freundin des Königs Louis XVIII. und überzeugte Royalistin, war bereits als junges Mädchen in die politischen Folgen der Französischen Revolution verwickelt. Ihre Mutter, Jeanne-Agnès-Gabrielle, Comtesse de Pestre, kam aus einer angesehenen Familie von Juristen; ihr Vater, Antoine Omer Talon, war ein hoher Beamter und Anwalt von König Louis XVI. (1754–1793).

Als 1789 die Französische Revolution ausbrach, war Talon Leutnant des Châtelet in Paris; ihm unterstanden der Gerichtshof, das Polizei-Hauptquartier und das Gefängnis. In dieser Position hatte er unter anderem mit dem berüchtigten Prozess des Marquis de Favras zu tun. Der Marquis wurde des Hochverrats bezichtigt; es hieß, er habe den König und seine Familie außer Landes bringen, Louis-Stanislas-Xavier, den Comte de Provence (später König Louis XVIII.), als Regenten einsetzen und wieder eine absolute Monarchie errichten wollen. Im Februar 1790 wurde Favras wegen Hochverrats gehängt, seine Prozessakten jedoch verschwanden. Man nimmt an, dass Talon seine Finger im Spiel hatte und die Verwicklung des Königs und des Comte de Provence in die Angelegenheit vertuschen wollte.

Es war die Zeit der Spione und der großen Täuschungsmanöver. Royalisten gaben vor, mit den Revolutionären zu kooperieren, und verfolgten dabei doch nur das Ziel, der königlichen Familie zu helfen – oder waren ganz einfach darauf bedacht, sich zu bereichern. Talon gehörte dem Cabinet secret des Tuileries an, einem Netzwerk, das politische und finanzielle Interessen verfolgte und eine heimliche Korrespondenz mit dem König unterhielt.

Kurz nach Zoés siebtem Geburtstag im Jahre 1792 wurden die geheimen Briefe ihres Vaters entdeckt. Er wurde verhaftet, konnte aber fliehen – zuerst nach London und dann in die Vereinigten Staaten, wo er durch Handel und Spekulationen zu Geld kam. Später kehrte er nach Frankreich zurück, wurde aber erneut inhaftiert, nun auf Befehl Napoleon Bonapartes.

Auch Zoés Mutter tauchte eine Zeit lang unter und schickte Zoé in eine Internatsschule für adlige Töchter in Saint-Germain-en-Laye bei Paris, in der auch die Kinder der Familie Bonaparte, einschließlich Joséphines Tochter Hortense de Beauharnais, unterrichtet wurden. Die Schulleiterin

Zoé Talon, Gräfin von Cayla,
mit ihren beiden Kindern Ugoline
und Ugolin auf der Terrasse
von Schloss Saint-Ouen (1825).
Gemälde von François Pascal
Simon, Baron Gérard (1770–1837).

Madame Campan war eine ehemalige Kammerfrau Marie Antoinettes. Bezeugt ist, dass Zoé im Jahr 1800, 14-jährig, auf einem Maskenball der Madame Campan als alte Kuchenverkäuferin verkleidet auftrat. Sie galt als gelehrige Schülerin und scheint einiges Aufsehen erregt zu haben.

1802 heiratete sie Achille de Baschi, Comte du Cayla. Ihre beiden Kinder hießen Ugolin und Ugoline.

Die Gräfin wurde Mitglied des »Clubs« französischer Aristokraten, die die Partei der Royalisten unterstützten und am linken Seine-Ufer im Faubourg Saint-Germain ihre Villen errichteten. Zu Zoés Freunden zählten unter anderem der einflussreiche Politiker Talleyrand sowie Graf Sosthène de la Rochefoucauld, ein Adjutant des zukünftigen Königs Charles X. Zoé stand aber auch mit Mitgliedern der Familie Bonaparte auf gutem Fuß, insbesondere mit Hortense de Beauharnais.

Diese schreibt nach der Restauration in ihren Memoiren über die Comtesse: »[Sie] war mir immer in bester Freundschaft zugetan und kam mich trotz der jüngsten Ereignisse weiterhin besuchen, ohne ihre Freude über die Rückkehr der Bourbonen zu verhehlen. Ihre Gefühle wirkten auf mich stets echt und aufrichtig.«

In einer historischen Abhandlung über die politischen Salons dieser Zeit, deren engagiertes Mitglied Zoé war, heißt es, dass der zukünftige König Louis XVI. sie erstmals im Winter 1813/1814 in seinem Exil im Hartwell House in Buckinghamshire, England, empfing. Offenbar war Zoé von den Adeligen des Faubourg Saint-Germain zu ihm geschickt worden, um mit ihm über die Zukunft des Königtums in Frankreich und seine Wiedereinsetzung zu sprechen. Offiziell hieß es, sie sei aus gesundheitlichen Gründen nach Holland gereist.

Der ehrgeizige, zu politischen Manipulationen entschlossene Louis, Comte de Provence, war der jüngere Bruder von Louis XVI. Er beanspruchte den Königstitel nach dem Tode seines Neffen Ludwig XVII., bestieg den Thron aber erst nach Napoleons Abdankung im Jahre 1814. Seine Schwester, Madame Elisabeth, erinnert sich: »Mein Bruder, der Comte de Provence, ist der klügste Ratgeber, den man sich denken kann. Sein Urteil über Menschen und Dinge ist selten falsch, und sein gutes Gedächtnis ist ihm eine unerschöpfliche Quelle interessanter Anekdoten.« Sie schrieb auch, dass »er sich fernhielt von Gefahren, um sich für die Zukunft aufzusparen«.

Zoés Trennung vom Comte du Cayla im Jahre 1817 wurde nicht nur von ihrer Schwiegermutter unterstützt, die eine Hofdame der Comtesse de Provence gewesen war, sondern auch vom König selber.

Die Comtesse Zoé du Cayla wird als mollige, verführerische Frau von großer Intelligenz beschrieben, die ihre Klugheit geschickt einsetzte. Als Louis XVIII. nach 1817 nähere Bekanntschaft mit ihr schloss, war er ver-

zweifelt auf der Suche nach einer Vertrauten. Sie übernahm diese Rolle und wurde von ihm zu seiner »Korrespondentin« erkoren. Sie schrieb ihm täglich, und Freund und Feind bemühten sich, durch sie an Louis heranzukommen. Der Comte d'Artois und zukünftige König Charles X. bemühte sich auf diesem Wege, das Vertrauen seines älteren Bruders zurückzugewinnen, und auch sonst galt sie als einflussreiche Fürsprecherin, wenn man sich die Gunst des Königs sichern wollte. Wie wichtig die neue Ratgeberin für Louis war, zeigt, dass er sich die Besuche seiner Geliebten und Beamten sorgfältig einteilte; jeden Mittwochnachmittag von drei Uhr bis sechs Uhr empfing er Zoé, mit der strikten Anweisung, dass er in dieser Zeit nicht gestört werden wolle.

Zoé war dem kranken, alternden König eine charmante, unterhaltsame, angenehme Gefährtin, und sie nutzte ihren wachsenden Einfluss, um sich ihre Position und ihr finanzielles Auskommen für die Zeit nach seinem Tod zu sichern. Denn trotz ihrer Position im Zentrum der Macht und ihren Möglichkeiten, auf die französische Politik Einfluss zu nehmen, war es ihr wichtig, das Leben zu genießen. Der König ließ ein Schloss auf einem Anwesen in Saint-Ouen nördlich von Paris abreißen und dort nach seinen Plänen ein neues Domizil für sie errichten. Er organisierte ihre Feste und überschüttete sie mit Möbelstücken, Geld und anderen Geschenken, darunter ein herrliches vergoldetes Service aus Sèvres-Porzellan, das mit Szenen aus dem neuen Château de Saint-Ouen und seinen Gärten bemalt war.

Da der inzwischen über sechzig Jahre alte König fettleibig war und an Gicht litt, gab es eine Menge Witze und Spekulationen über die Art seiner Beziehung zu der attraktiven, ehrgeizigen und dreißig Jahre jüngeren Frau. Es hieß, Louis XVIII. litte an einer Vorhautverengung und begnüge sich damit, vom üppigen Busen seiner Geliebten Tabak zu schnupfen, was ihr den Spitznamen »Tabatière« eintrug. Wie es scheint, verband die beiden nicht in erster Linie ein sexuelles oder politisches Interesse, sondern besonders in den letzten Jahren seines Lebens eine intime Gefühlsbindung.

Nach dem Tod von Louis XVIII. im Jahre 1824 widmete sich Zoé – so unwahrscheinlich dies auch für eine königliche Geliebte klingen mag – auf ihrem Landgut ganz der Schafzucht. In dem Herrenhaus in Saint-Ouen, das Louis für sie entworfen hatte, lebte sie bis zu ihrem Tod 1852.

Die Rose »Comtesse du Cayla«

Rosentyp: China-Rose
Einführung: 1902
Züchter: Pierre Guillot, Lyon, Frankreich
Abstammung: *Rosa* »Rival de Paestum« x *Rosa* »Madame Falcot«

»Comtesse du Cayla« ist vielleicht die schönste von einem guten Dutzend China-Rosen, die in der Edwardianischen Ära eingeführt wurden. Sie ist eine bezaubernde Rose mit locker gefüllten, nickenden Blüten, deren Farbe – eine Mischung aus Orangerot und Pink – je nach Wetterlage changiert. Wenn sich die geöffneten Blüten in ihrer ganzen Pracht präsentieren, scheinen sie wie bunte Schmetterlinge am Strauch zu schaukeln. Für eine China-Rose duftet sie ungewöhnlich intensiv und blüht reichlich nach.
Der Strauch wird nicht besonders hoch (etwa einen knappen Meter) und ist spärlich mit dunkelgrünen Blättern bestückt, die im Austrieb pflaumenfarbig sind. »Comtesse du Cayla« verleiht dem Garten mit dem schwungvollen und zugleich raffinierten Aufblitzen ihrer Blüten einen Anstrich von Heiterkeit. Wenn man eine Rose pfiffig nennen kann, dann diese.
Der Rosenschule Guillot et Fils, insbesondere Jean-Baptiste André Guillot, einem Rosenzüchter in zweiter Generation, wird nicht nur die Entwicklung der ersten Teehybride »La France« zugeschrieben, man kam dort auch auf die Idee, die Hundsrose Rosa canina als Unterlage zum Okulieren zu verwenden, was erstmals die kommerzielle Vermehrung von Rosen ermöglichte. Davor wurden die Pflanzen durch Stecklinge vermehrt, was wegen der benötigten Menge an Mutterholz kostspielig war. Jean-Baptistes Sohn Pierre Guillot (1855–1918) trat 1884 in das Geschäft seines Vaters ein und brachte 41 Rosen in den Handel.

Marie-Louise von Österreich, Grossherzogin von Parma

1791–1847

Die Heirat zwischen Marie-Louise von Österreich und dem französischen Kaiser Napoleon stand nicht gerade unter einem guten Stern. Als sie hörte, dass sie als Heiratskandidatin und damit zweite Frau des frisch geschiedenen Napoleon in die engere Wahl gekommen war, leistete sie Widerstand und bat ihren Vater, die Hochzeit nicht zuzulassen. Doch es nützte nichts. Als sie schließlich mit Napoleon vermählt wurde, geschah es in Stellvertretung – er war nicht einmal persönlich anwesend.

Die zukünftige Kaiserin der Franzosen war die Tochter von Kaiser Franz II. aus dem Hause Habsburg, Herrscher des Heiligen Römischen Reiches, und Großnichte der vielgeschmähten Marie Antoinette (1755–1793). Die 18-jährige empfand für Napoleon zunächst nur Abscheu; erst nachdem man sie überzeugt hatte, dass die Heirat für die Sicherheit Österreichs erforderlich sei, gab sie nach.

Die Hochzeit in Wien fand im Frühjahr 1810 statt, überstürzt und, wie bereits erwähnt, ohne dass Napoleon anwesend war. Allerdings wollte sie dieser noch vor der offiziellen französischen Zeremonie in der Kapelle des Louvre-Palastes »zu der Seinen machen« und ritt ihr deshalb entgegen, als sie sich auf der Reise von Wien nach Paris befand.

Der Vergleich der jungen Marie-Louise mit Napoleons erster Frau, der weltgewandten Joséphine, fiel nicht vorteilhaft aus. Der Hof und das französische Volk machten sich gleichermaßen über sie lustig. Für Napoleon bedeutete ihre Herkunft allerdings den für ihn so dringend erforderlichen Zugang zur herrschenden europäischen Aristokratie. Er fand sich mit ihrer zurückhaltenden Art, ihrem Mangel an Witz und politischem Verständnis und ihrer Unbedarftheit in Modefragen ab, denn er brauchte sie: Sie musste jenen Erben der Napoleonischen Dynastie hervorbringen, den ihm Joséphine nicht hatte schenken können.

Trotz ihrer anfänglichen Abneigung entwickelte Marie-Louise schließlich eine tiefe Liebe zu ihrem Mann, und der Briefwechsel zwischen den beiden lässt darauf schließen, dass die Zuneigung auf Gegenseitigkeit beruhte. Seine Gefühle für sie äußerten sich auf ziemlich dramatische Weise im Jahre 1811, als Napoleon während der schwierigen Geburt ihres ersten und einzigen Kindes den Ärzten die Anweisung gab, falls sie zwischen dem Leben seiner Frau und dem Leben seines Sohnes wählen müssten, sollte Marie-Louise gerettet werden. Das Kind, Napoléon François, dem der Titel »König

Marie-Louise mit ihrem Sohn Napoléon François, König von Rom. Ausschnitt eines Porträts des 19. Jh. von François Pascal Simon, Baron Gérard (1770–1837).

von Rom« verliehen wurde, kam gesund zur Welt, und Marie-Louises Position an der Seite des Kaisers war gesichert.

Bis zu diesem Zeitpunkt hatte Napoleon Marie-Louise jeglichen unbeaufsichtigten Kontakt, besonders zu Männern, verwehrt. Nun, nachdem sie ihm einen Erben für das französische Reich geschenkt hatte, wurde ihr Leben ein wenig erträglicher. Während Napoleons Abwesenheiten übernahm Marie-Louise die Regierungsgeschäfte, wenngleich sie für diese Aufgabe wenig geeignet war, da sie weder Kenntnisse von den Staatsangelegenheiten noch Verständnis für diese hatte. Für die ehrgeizigen Intrigen der machtgierigen Höflinge wurde sie eine leicht handhabbare Schachfigur; sie alle wussten, dass man sie am besten über ihre oberste Hofdame, die Herzogin von Montebello, erreichte.

1814 wurden Napoleons Truppen von einer Koalition aus Russland, Österreich, Preußen, dem Vereinigten Königreich, Schweden, Spanien und einigen deutschen Staaten nach Frankreich zurückgedrängt. Als sich die Alliierten Paris näherten, floh Marie-Louise nach Blois im Loiretal. Sie unterstützte Napoleon zwar bei seinen Unternehmungen und Bemühungen, weigerte sich jedoch, ihm ins Exil nach Elba zu folgen. Allerdings setzten die beiden weiterhin ihre intime Korrespondenz fort; in einem Brief aus Aix-en-Savoie vom 3. August 1814 erklärt sie: »Ich bin sehr zufrieden mit dem Grafen [von] Neipperg, den mein Vater dazu auserkoren hat, mir beizustehen. Er spricht so freundlich über Dich, auf eine Weise, die mir richtig zu Herzen geht, denn ich muss über Dich reden während dieser grausamen Abwesenheit. Wann, so frage ich mich, wird es mir vergönnt sein, Dich wiederzusehen und zu umarmen? Ich sehne mich so danach und werde erst wieder glücklich und zufrieden sein, wenn ich Dir mit meinem eigenen Mund sagen kann, wie zärtlich ich Dich liebe.«

Sie sollte Napoleon nicht wiedersehen, und auch von ihrem Sohn wurde sie getrennt, denn die Alliierten verbannten sie nach Parma. Der junge Napoléon François wurde in die Obhut seines österreichischen Großvaters gegeben; Marie-Louise sah ihn erst wieder, als er, 21 Jahre alt, an Tuberkulose erkrankt war und bereits auf dem Sterbebett lag.

1821, vier Monate nach Napoleons Tod, heiratete Marie-Louise den Grafen von Neipperg, der sie nach der Abdankung des Kaisers nach Österreich begleitet hatte. Anfänglich ein Spion ihres Vaters, Franz' II., der Marie-Louise beobachten und in seinem Sinne beeinflussen sollte, wurde er schließlich der einzige Mann, dem sie vertraute. Aus der Affäre mit dem Grafen hatte sie zwei Kinder, Albertine und William; ein drittes, Mathilde, kam nach ihrer Heirat zur Welt. Der Graf starb 1829.

Die ehemalige Kaiserin von Frankreich wurde eine reformfreudige Herrscherin im Großherzogtum Parma, der eleganten Stadt in Norditalien, wo sie im Alter von 56 Jahren starb.

Die Rose »Marie-Louise«

Rosentyp: Damaszener-Rose
Einführung: ca. 1811
Züchter: unbekannt

Die unscheinbaren kleinen Knospen dieser Rose lassen zunächst nicht vermuten, welche Pracht sie bergen. Wenn sie sich dann öffnen, ist man überrascht über die majestätischen, mehrfach gefüllten Blüten, deren leuchtendes Rosa leicht ins Violette spielt. Sie haben einen deutlich ausgeprägten Stempel – fast wie ein Knopfauge, das

durch die sanft glühenden Blütenblätter zu spähen versucht – und verströmen einen süßen Duft. »Marie-Louise« wetteifert unter vielen Mitstreiterinnen zu Recht um einen Platz unter den prächtigsten Rosen. Der hohe, fast stachellose Strauch ist mit reichem Blattwerk besetzt und nimmt unter unseren Damaszener-Rosen einen besonderen Platz ein. Die Blüten drängen sich in dichten Büscheln auf überhängenden Zweigen, die sich in der Hochblüte unter ihrem Gewicht tief nach unten biegen. Im Gegensatz zur Kaiserin entwickelt sich diese Rose am besten, wenn man sich möglichst wenig um sie kümmert.

Unklar ist ihre Abstammung, und es scheint, als hätte es drei Rosen gegeben, die denselben Namen trugen. Interessanterweise wird behauptet, sie sei im Jahr 1811 gezogen worden, ein Jahr nach der Verheiratung Marie-Louises mit Napoleon, noch dazu im Garten von Malmaison, dem Schloss von Napoleons erster Ehefrau Joséphine. Die Darstellung des Pflanzenmalers Pierre-Joseph Redouté, der in Joséphines Auftrag arbeitete, unterscheidet sich jedoch von der »Marie-Louise«, die heute verkauft wird und auch in unserem Garten blüht. Andere Rosen-Historiker mutmaßen, dass eine bereits existierende Blume nachträg-

lich den Namen »Marie-Louise« erhielt oder dass die exquisite »Duchesse d'Angoulême« ursprünglich nach Marie-Louise benannt war. Wie dem auch sei, sie ist eine Rose, der zweifellos Aufmerksamkeit gebührt.

Grace Darling

1815–1842

Alle Herzen der Bewohner dieser stillen Felder sind tief berührt, und überall auf Wegen und auf Strassen, wo sich Menschen drängen, hört man Balladenlieder, um eine Einzige zu ehren, deren blosser Name göttliche Gnade und Menschenliebe verkörpert; geboren an Northumbrias rauer Küste, bei wenigen bisher bekannt, ist sie – bei Hoch und Niedrig – durch eine einzige Tat berühmt geworden...

Diese Zeilen schrieb William Wordsworth, gefeierter Dichter der Romantik, über Grace Horsley Darling. Grace wurde im Alter von 22 Jahren durch eine mutige Rettungsaktion urplötzlich zur Nationalheldin. Mit ihrem couragierten Einsatz eroberte die junge Frau die Herzen ihrer Landsleute und inspirierte zahlreiche Künstler zu Gemälden und Gedichten, ihre Heldentat wurde in Biografien und auf Erinnerungstafeln festgehalten, und im Jahre 1884 benannte man sogar eine Rose nach ihr.

Grace war das siebte von neun Kindern und lebte mit ihren Eltern William und Thomasin Darling im Leuchtturm der Insel Longstone Island. Dort lernte sie die See mit all ihren Launen lieben und lernte alles über den heimatlichen Küstenabschnitt und die diversen Strömungen, die die Schifffahrt in der Nordsee so gefährlich machen.

In einer stürmischen Nacht im Herbst 1838 sank ganz in der Nähe von Longstone Island das Dampfschiff Forfarshire bei schwerer See. Von insgesamt über sechzig Passagieren und Besatzungsmitgliedern überlebten nur neun Menschen, die sich verzweifelt an die aus dem Wasser ragenden Felsen von Big Harcar klammerten. Als Grace am siebten September frühmorgens vom Heulen des Sturms erwachte, erspähte sie in eineinhalb Kilometern Entfernung das havarierte Schiff. Da – wohl wegen des hohen Seegangs – noch kein Rettungsboot unterwegs zu sein schien, beschlossen Grace und ihr Vater, den Schiffbrüchigen zu Hilfe zu eilen. William hatte

GRACE DARLING

zunächst Einwände erhoben; die Vorstellung, nur mit seiner Tochter als Unterstützung hinauszurudern, hatte ihm gar nicht behagt, doch schließlich setzte sich Grace durch, und so machten sich die beiden in ihrem kleinen, flachbodigen Ruderboot entschlossen auf den Weg.

William sprang auf die Felsen hinüber, während Grace mit aller Kraft gegen die Strömung und die Wellen ankämpfte, damit das kleine Boot nicht an den Klippen zerschellte. Auf der ersten Fahrt konnten fünf Menschen gerettet werden, darunter eine Frau, die ihre beiden Kinder verloren hatte, sowie drei Seemänner, die dabei halfen, das Boot nach Longstone zurückzurudern. Grace blieb beim Leuchtturm, um die ersten Geretteten zu versorgen, während William mit zwei Besatzungsmitgliedern noch einmal zu den verbliebenen vier Überlebenden aufbrach.

Grace und ihr Vater machten nicht viel Aufhebens um ihre Heldentat, doch die Neuigkeit verbreitete sich wie ein Lauffeuer im ganzen Land, und die Schilderungen der Rettungsaktion wurden immer reißerischer. Grace wurde über Nacht berühmt und erhielt zahlreiche Hochzeitsanträge und Anfragen von Künstlern, die sie malen wollten; häufig wurde sie auch um eine Haarlocke oder um ein Stück Stoff von dem Kleid gebeten, das sie bei der Rettungsaktion getragen hatte.

Die neun Menschen, die Grace und ihrem Vater ihr Leben verdankten, schenkten ihr ein Medaillon, das eine Haarsträhne von jedem der Geretteten enthielt. Königin Viktoria (1819–1901) sandte ihr eine Belohnung von fünfzig Pfund und einen Brief, in dem sie sie für ihren Mut lobte. Von der Royal Humane Society wurde Grace mit einer goldenen Medaille geehrt, zudem brachte ein öffentlicher Spendenaufruf 700 Pfund für die Familie Darling ein. Der Herzog von Northumberland diente Grace als rechtlicher Beistand, beriet sie beim Umgang mit »lästigen Angeboten ehelicher und anderer Natur« und verwaltete einen Treuhandfonds für sie, von dem sie sich lediglich fünf Pfund pro Halbjahr auszahlen ließ.

Ihr plötzlicher Ruhm war ihr höchst unangenehm, hinderte er sie doch daran, weiterhin das einfache Leben zu führen, das sie so schätzte. Sie lehnte sämtliche Heiratsanträge ab und zog sich auf ihre geliebte Insel zurück. Als sie Longstone Island wegen einer Erkrankung – Tuberkulose, wie man annimmt – verlassen musste, zog sie zunächst zu Freunden und später zu ihrer Schwester in die Nähe von Bamburgh, wo sie 1842 im Alter von 26 Jahren starb.

Der Leichnam wurde auf dem Friedhof von Bamburgh bestattet und das eindrucksvolle Grabmal mithilfe einer weiteren Spendenaktion finanziert, an der sich auch Königin Viktoria beteiligte. Die Rettungsboote der britischen Seenotrettungsgesellschaft, der Royal National Lifeboat Institution, werden noch heute zu Ehren von Grace Darling auf ihren Namen getauft.

Folgende Seite. Ausschnitt aus dem Gemälde *Grace Darling im Ruderboot auf stürmischer See* von Thomas Brooks (1818–1891).

Die Rose »Grace Darling«

Rosentyp: Teehybride
Einführung: 1884
Züchter: Bennett, Großbritannien
Abstammung: unbekannt

»Grace Darling« ist eine wundervolle, elegante Rose und wie geschaffen, den Namen einer viktorianischen Heldin zu tragen. Es handelt sich bei dieser Rose um eine lange und reichlich blühende Sorte von niederem bis mittelhohem Wuchs, die sich mit sehr ausdrucksstarken Blüten schmückt. Diese wirken auf den ersten Blick pfirsichrosa; erst bei eingehender Betrachtung stellt man fest, dass das Farbspektrum eigentlich von Lachsrosa bis Cremeweiß, teils sogar fast Reinweiß reicht. Die Blüten duften nur sehr dezent, legen aber eine schlichte Raffinesse an den Tag, die bei modernen Teehybriden nur selten vorkommt.

»Grace Darling« ist eine der wenigen frühen Teehybriden, die sich bis heute erhalten haben. Sie hat 1884 die Fantasie der Bevölkerung im viktorianischen Großbritannien angeregt und avancierte auf der Stelle zur Lieblingssorte vieler Rosenfreunde. Dass sie oft auch als Teerose bezeichnet wird, lässt darauf schließen, wie eng die beiden Gruppen in den Anfangsjahren der Rosenzüchtung miteinander verknüpft waren. Henry Bennett, der diese Rose in den Handel brachte, war eigentlich Rinderzüchter, konnte seine hier gewonnenen Kenntnisse allerdings erfolgreich auf die Rosenzüchtung übertragen. Seiner Einschätzung nach galt es, bei der Rosenzüchtung sowohl Verstand als auch Fantasie einzusetzen und die Resultate genau unter die Lupe zu nehmen, um für den nächsten Versuch daraus zu lernen. Im Jahre 1879 versetzte er die Rosenwelt in Erstaunen, als er zehn »reinrassige Hybriden der Teerose« vorstellte und dafür auch schriftliche Belege vorweisen konnte. Der Ausdruck »reinrassig« war aus der Rinderzucht übernommen. Im Jahre 1893, drei Jahre nach Bennetts Tod, wurden Teehybriden offiziell als eine Klasse anerkannt.

Anaïs Ségalas

1819–1895

Die französische Dichterin, Dramatikerin und Romanautorin Anaïs Ségalas war nicht nur eine Intellektuelle und eine der ersten Feministinnen, sondern auch überzeugte Katholikin und in ihrem späteren Leben eine Anhängerin der Second-Empire-Bewegung. Das zentrale Thema ihrer Werke ist die Stellung der Frau im Frankreich Mitte des 19. Jahrhunderts. Obwohl die nach ihr benannte Rose im Französischen und Englischen »Ségales« geschrieben wird, unterzeichnete Anaïs stets mit »Ségalas« und veröffentlichte unter diesem Namen auch ihre Gedichtsammlungen.

Anaïs bewies schon früh ein Talent für das geschriebene Wort und überraschte ihre Eltern im Alter von gerade acht Jahren mit einem Gedicht, das sie zum Geburtstag ihres Vaters verfasst hatte. Sie war 16, als sie ein Jahr nach ihrer Heirat mit dem baskischen Rechtsanwalt Victor Ségalas ihren ersten Gedichtband mit dem Titel *Les Algériennes* veröffentlichte.

Anaïs vertrat die Auffassung, talentierte Frauen hätten ein Recht auf eine Karriere und ein gewisses Maß an Gleichberechtigung in der Ehe, und an diesem Prinzip richtete sie auch ihr eigenes Leben aus. Berichten zufolge hatte sie sich vor ihrer Heirat das Recht ausbedungen, sich weiterhin literarisch betätigen zu können.

In ihren Gedichten, die sie sowohl in führenden französischen Zeitschriften als auch in Sammelbänden publizierte, ging es um die Bedeutung der Frau in Gesellschaft und Familie. Ihre Arbeit war moralisch motiviert – als überzeugte Katholikin wollte sie mit ihrer Lyrik zeigen, welche positive Wirkung die Liebe und Zuneigung einer Frau auf die Gesellschaft ausüben kann. Ihr Sammelband *La Femme* (1847) setzte sich damit auseinander, wie Frauen aus unterschiedlichen Milieus jeweils auf ihre Weise für eine bessere Gesellschaft sorgen können. Der 1844 veröffentlichte Gedichtband *Les Enfantines* mit dem Untertitel »Gedichte an meine Tochter« beschäftigte sich mit dem Thema Mutterschaft. Das Gedicht »Bertile«, in dem die Geburt mit dem Aufblühen einer Rose verglichen wird, beginnt mit den folgenden Worten:

Nun ist mein Haus voller Lebensfreude,
Und Gott weiß davon;
Der Paradiesvogel namens Glück ließ sich

Anaïs Ségalas Ende des 19. Jh.,
Fotografie von Pierre Petit
(1832–1909).

Auf meinem Dach nieder und singt.
Gestern ging in meinem Garten eine Knospe auf
Am taufrischen Rosenstrauch;
Gestern wurde ein wunderschönes Kind, gleich
Einer himmlischen Rose, geboren in meinem Heim.

Die Februarrevolution, mit der 1848 die Monarchie des »Bürgerkönigs« Ludwig Philipp I. endete und die zweite französische Republik begann, geriet zum Wendepunkt ihres feministischen Wirkens. Ségalas besuchte zunächst die Versammlungen der Société de la Voix des Femmes, einer politischen Vereinigung, die mit einer von Eugénie Niboyet gegründeten feministischen Tageszeitung in Verbindung stand, und bot Niboyet ihr Werk *La Femme* für deren auf feministische Frauenliteratur spezialisierte Publikationsreihe an. Sie engagierte sich auch in der ähnlich kurzlebigen Société d'Education Mutuelle des Femmes, die sich zum Ziel gesetzt hatte, Bildungsinstitutionen zu schaffen und Frauenkooperativen ins Leben zu rufen.

Anaïs begann außerdem, kritische Rezensionen für die republikanische Zeitung *Le Corsaire* zu verfassen. Wenn ihre Begabung dabei in den Dienst der Revolution gestellt wurde, war ihr das recht, solange sie dazu beitrug, die Eintracht zwischen den Klassen zu fördern und Ordnung, Eigentum und Religion zu bewahren. Ihre strengen katholischen Ansichten führten allerdings allmählich zu einer Distanzierung von ihren radikaler eingestellten feministischen Zeitgenossinnen, vor allem, als bei diesen der Ruf nach bürgerlicher und politischer Gleichheit und die Forderung nach dem Recht auf Ehescheidung laut wurde. Anaïs dagegen trat lediglich für eine bedingte Ausweitung der Frauenrechte ein und blieb der Ansicht verhaftet, dass sich Männer und Frauen eben in unterschiedlichen »Sphären« – der politischen und der privaten – bewegten.

Diese Spannungen unterminierten die erste Phase feministischer Anstrengungen in Frankreich. Da ihre Ansichten immer weiter auseinandergingen, zog sich Anaïs Ende 1848 aus den feministischen Kreisen zurück.

Dafür unterstützte sie wenig später das Second Empire (1852–1870) in seiner Forderung nach politischer und gesellschaftlicher Ordnung und dem Ziel, die Rechte der katholischen Kirche zu verteidigen.

Anaïs zog sich zusehends in ihr Haus am Boulevard des Capucines in Paris zurück, wo sie einen kleinen literarischen Salon unterhielt und sich noch lange nach dem kurzen Aufflackern des französischen Feminismus im Jahre 1848 als Schriftstellerin und Lyrikerin betätigte. Ihre letzte Ruhestätte fand sie an der Seite ihres Ehemannes auf dem berühmten Friedhof Père Lachaise in Paris, wo auch viele andere literarische Größen ihrer Zeit begraben liegen.

Die Rose »Anaïs Ségales«

Rosentyp: Gallica
Einführung: 1837
Züchter: Vibert, Angers, Frankreich
Abstammung: unbekannt

Die unprätentiöse »Anaïs Ségales« gehört zu den besonders wuchsfreudigen Rosen. Sie wurde zufällig auf alten Friedhöfen in Neuseeland entdeckt, wo sie schon seit den Anfängen der Kolonialisierung angesiedelt ist. Gute hundert Jahre oder mehr fristete sie ein Schattendasein, gänzlich unbeachtet zwischen Hecken und Bergarbeiterstädten, und trotzdem grünt und blüht sie dank ihrer robusten Gesundheit und ihrer ausgeprägten Fähigkeit, Wurzelausläufer zu bilden, überall in Hülle und Fülle.
Die ersten Knospen erscheinen gleich zu Frühlingsbeginn, doch das ist beileibe nicht der einzige Grund, warum wir sie so schätzen. Die ganz zart gestreiften Blüten sind von einem satten Mauve-Rosa und verfärben sich beim Abblühen fliederfarbig. Wenn sie welken, wird auch das grüne Auge in der Mitte sichtbar. Die schön geformten Blüten erscheinen in Büscheln auf dem kräftigen, dicht belaubten Strauch und verbreiten einen intensiven, berauschenden Duft. Die rötlichen Stacheln auf den Stämmen bilden einen hübschen Kontrast zu den attraktiven olivgrünen Blättern.
Es herrscht Uneinigkeit darüber, ob es sich bei dieser bezaubernden Rose um eine Gallica oder eine Zentifolia handelt. Für den französischen Gallica-Experten François Joyaux sowie für seinen englischen Fachkollegen Graham Stuart Thomas gehört sie eindeutig ins Lager der Gallica. Jean-Pierre Vibert, der Züchter, sagte seinem Enkel kurz vor seinem Tod: »Mein Herz schlägt nur noch für Napoleon und meine Rosen, und nach all dem Übel, das mir widerfahren ist, bleiben zwei Dinge, für die ich abgrundtiefen Hass empfinde: die Engländer, die mein Idol zu Fall gebracht haben, und die weißen Würmer, die meine Rosen zerfressen haben.« Vibert war nicht nur einer der erfolgreichsten und angesehensten französischen Züchter seiner Zeit, sondern auch der erste, der Gallica-Rosen mit remontierenden China-Rosen kreuzte und damit den Weg für eine neue Generation remontierender Rosen ebnete. Zuweilen habe ich mich gefragt, warum Vibert, der ein glühender Verehrer von Napoleon I. war, eine Rose nach einer Frau benannte, die Napoleon III. unterstützt hat; schließlich wurde Letzterer von den Anhängern Bonapartes spöttisch als »Napoléon le Petit« bezeichnet.

Königin Viktoria (frz. Reine Victoria)

1819–1901

Alexandrina Viktoria war 18 Jahre alt, als sie erwachte und noch im Nachthemd davon unterrichtet wurde, dass sie Königin von Großbritannien und Irland geworden war. »Da es der Vorsehung gefallen hat, mich in diese Situation zu bringen, werde ich mein Bestes geben, um meine Pflicht gegenüber meinem Land zu tun. Ich bin sehr jung und vielleicht in vielen, wenn auch nicht in allen, Dingen unerfahren, doch ich bin überzeugt, dass es nur sehr wenige Menschen gibt, die mehr als ich guten Willens und von dem Bestreben angetrieben sind, das Rechte zu tun«, schrieb sie damals in ihr Tagebuch.

Viktoria war das einzige Kind von Edward Augustus, Herzog von Kent und Strathearn, dem vierten Sohn von König Georg III. (1738–1820), und von Prinzessin Marie Luise Viktoria von Sachsen-Coburg-Saalfeld. Ihr Vater starb, als sie noch ein Säugling war, und nach dem Tod ihres Onkels Georg IV. (1762–1830) avancierte sie zur voraussichtlichen Thronerbin, da weder er noch sein Bruder, Wilhelm IV. (1765–1837), der ihm nachfolgte, überlebende Kinder hatten. Als Wilhelm IV. einen Monat nach ihrem 18. Geburtstag verstarb, war es so weit.

Bis zu diesem Zeitpunkt hatte die junge Königin im Kensington-Palast ein behütetes und relativ isoliertes Leben in der Obhut ihrer in Deutschland geborenen Mutter geführt. Dank der Unterstützung und Ratschläge ihres ersten Premierministers Lord Melbourne gelang es ihr nicht nur, sich rasch vom Einfluss ihrer Mutter zu befreien, sie wies auch Sir John Conroy in die Schranken, der bis zum 21. Lebensjahr Viktorias hartnäckig versuchte, an die Macht zu kommen. Mit dem hilfsbereiten Melbourne verband Viktoria eine lange währende, von Sympathie geprägte Freundschaft. Viktoria blieb länger als jeder andere britische Monarch vor ihr an der Macht und arbeitete im Laufe ihrer Regentschaft mit insgesamt zehn verschiedenen Premierministern zusammen, mit einigen davon über mehrere Amtsperioden hinweg.

Obwohl sie ihre Unabhängigkeit nur widerstrebend aufgab und zunächst nicht bereit war, sich dem Joch der Ehe zu unterwerfen, heiratete sie 1840 ihren gleichaltrigen Cousin, den Prinzen Albert von Sachsen-Coburg-Gotha (1819–1861). Viktoria hatte eine Schwäche für attraktive Männer, und ihr Cousin war »äußerst gutaussehend«: »Sein Haar ist etwa von derselben Farbe wie meines, seine Augen sind groß und blau, und er hat eine schöne Nase, einen sehr hübschen Mund und gesunde Zähne.«

Königin Viktoria kurz nach der Thronbesteigung im zarten Alter von 19 Jahren. Ausschnitt aus einem Gemälde von Thomas Sully (1783 1872).

Es heißt, sie habe sich gleich bei der ersten Begegnung in Albert verliebt. Damit war der Grundstein für eine dauerhafte Zuneigung und eine Ehe gelegt, in der Viktoria stets auf ihren Mann baute. Albert behauptete von seiner Gemahlin: »Man sagt Viktoria nach, dass sie unfassbar dickköpfig ist und dass ihre außerordentliche Sturheit in ständigem Widerstreit mit ihrer Gutmütigkeit steht.« Trotzdem ließ er sie nie im Stich und wusste mit ihrem bekanntermaßen aufbrausenden Temperament und ihren Launen umzugehen. Die beiden führten eine glückliche Ehe, und Viktoria war Albert eine liebevolle Gattin und ihren neun Kindern eine ebenso fürsorgliche Mutter – gelassen, heiter und strahlend vor Glück, aber auch respekteinflößend, stoisch, ruhig und entschlossen.

Auch wenn Albert nur mit mäßiger Gesundheit gesegnet war und gelegentlich an Depressionen und Erschöpfungszuständen litt, stürzte er sich mit Feuereifer in die Staatsangelegenheiten und übte in Regierungsfragen einen großen Einfluss auf Viktoria aus. Er unterstützte diverse Reformen in der Sozialpolitik, bei der Universitätsausbildung oder die Abschaffung der Sklaverei. Ihm war es auch zu verdanken, dass die erste Weltausstellung im Jahre 1851 ein Erfolg wurde. Als Albert 1861 im Alter von 42 Jahren starb, lautete die Diagnose auf Typhus, heute geht man davon aus, dass er an Krebs gelitten hatte. Für Viktoria begann damit eine Trauerphase, die den Rest ihres Lebens andauern sollte. Zutiefst betrübt und am Boden zerstört, kam sie zwar ihren Regierungsverpflichtungen nach, zog sich aber ansonsten völlig aus der Londoner Öffentlichkeit zurück. Sie hielt sich entweder auf Schloss Windsor auf oder lebte auf einem der beiden Schlösser, die sie gemeinsam mit Albert umgebaut hatte. Dass sie sich hinter ihrer Witwenschaft verschanzte, brachte ihr viel Kritik ein, und ihre ständige Abwesenheit trug beträchtlich zur Stärkung der republikanischen Bewegung bei, die die Abschaffung der Monarchie anstrebte. In einem Brief an den Dichter und Schriftsteller Theodore Martin, mit dem Viktoria befreundet war, schrieb sie: »Der Kummer der Königin ist nicht der Grund für ihren Rückzug… vielmehr liegt es an der erdrückenden Arbeitslast und daran, dass ihre Gesundheit aufgrund ihrer Trauer sehr geschwächt ist… an dem schier überwältigenden Übermaß an Arbeit und Verantwortung…«.

1871 – ein Jahr nachdem in Frankreich die dritte Republik ausgerufen worden war – erreichte die republikanische Bewegung in Großbritannien ihren Zenit. Der Todestag von Prinz Albert jährte sich zum zehnten Mal, und Königin Viktorias ältester Sohn Eduard, der Prinz von Wales, war ebenfalls an Typhus erkrankt. Sie fürchtete, er könnte wie sein Vater daran sterben, doch Eduard erholte sich wieder, und im Februar 1872 zeigte sie sich mit ihm auf einer Parade in London, die sie anlässlich seiner Genesung abhalten ließ. Dieser Auftritt und die Tatsache, dass zwei Tage später

ein junger Mann eine (ungeladene) Pistole auf ihre Kutsche richtete, verhalfen der Königin zu neuer Popularität.

Viktoria wurde 81 Jahre alt, und als sie 1901 an Altersschwäche im Kreise ihrer Familie starb, rief ihr Tod bei der britischen Bevölkerung eine Mischung aus Ungläubigkeit und Trauer hervor, war die unermüdliche alte Monarchin doch für viele die einzige Königin gewesen, die sie je erlebt hatten. Im Laufe der langen Regentschaft Viktorias hatten folgenreiche Ereignisse das Leben der Menschen stark verändert, angefangen bei der durch die Kartoffelfäule ausgelösten großen Hungersnot in Irland (1845) und den europäischen Revolutionen im Jahr 1848 über die Etablierung der britischen Kolonialherrschaft in Indien (1858) und den Zulu-Krieg (1879) bis hin zum Anbruch des Eisenbahnzeitalters und der Veröffentlichung von Charles Darwins Werk *Die Entstehung der Arten.*

Ihre letzte Ruhestätte fand Viktoria an der Seite ihres geliebten Albert, an einem Ort, an dem sie als Witwe viel Zeit verbracht hatte, um Trost zu suchen und neue Kraft zu schöpfen: in einem Mausoleum auf dem Anwesen von Frogmore House südlich der Stadt Windsor.

Ausschnitt aus einem Gemälde von Sir Edwin Landseer (1802–1873): *Schloss Windsor heute: Königin Viktoria, Prinz Albert und Kronprinzessin Viktoria* (1840–1843).

Die Rose »Reine Victoria«

Rosentyp: Bourbon
Einführung: 1872
Züchter: Schwartz/Labruyère,
Lyon, Frankreich
Alternative Bezeichnungen:
Rosa »La Reine Victoria«

Mit dem anmutigen Charme, den »Reine Victoria« versprüht, ist diese Rose eigentlich das genaue Gegenteil der Frau, der sie ihren Namen verdankt. Ihre zarten, weit oben sitzenden Blüten sind kugelförmig und wohlriechend, die fragilen Blütenblätter fühlen sich seidig weich an und erinnern optisch an hauchdünne Muscheln. Sie sind hellrosa mit einem prächtigen silberweißen Glanz; innen und zum Kelch hin werden sie etwas heller.
Der Wuchs dieser zauberhaften, edlen Rose ist schlank und aufrecht; sie wird bis zu zwei Meter groß und ist mit ihren langen Stielen geradezu prädestiniert dafür, an einem Spalier oder einem Obelisken hochgezogen zu werden. Die weichen Blätter sind mattgrün. Im Frühjahr blüht »Reine Victoria« reichlich, im Herbst dagegen nur sporadisch. Wie ihre berühmte Namenspatronin besteht sie auf optimale Bedingungen und kann Schwierigkeiten bereiten, wenn man sie nicht stets ausreichend mit Nährstoffen versorgt.

Graham Stuart Thomas schreibt in seinem Buch The Old Shrub Rose *über »Reine Victoria« und »Mme Pierre Oger«, ihre etwas hellere Zufallsmutation: »Ich kenne keine andere Rose, die einen derart delikaten Charme versprüht. Sie sind zwei einzigartige Repräsentantinnen ihrer Zeit.« »Reine Victoria« wird auf zwei Züchter zurückgeführt, die Ende des 19. Jahrhunderts in Lyon lebten: Joseph Schwartz (1841–1885), der den Betrieb von Jean-Baptiste Guillot (1803–1882), besser bekannt als Guillot Père, übernommen hatte, nachdem sich dessen Sohn, der ebenfalls auf den Namen Jean-Baptiste hörte, mit einer eigenen Rosenschule selbstständig gemacht hatte. Schwartz war von 1871 bis 1885 als Rosenzüchter tätig; nach ihm führten erst seine Frau und später ihr gemeinsamer Sohn das Geschäft weiter. Die Rosen von Eugène Labruyère kamen 1872 bis 1874 in den Handel; um 1885 benannte seine Witwe eine neue Rose nach ihrem Ehemann.*

Caroline Julie von Rothschild

(frz. Baroness de Rothschild)

1830–1907

Die in Frankfurt geborene Caroline Julie von Rothschild, die stets bei ihrem zweiten Vornamen genannt wurde, war eine Tochter von Anselm und Charlotte Rothschild und wurde von ihrer Familie als gutmütig und freundlich beschrieben. Es heißt, sie sei nicht nach gängigen Maßstäben hübsch gewesen, dafür hätte sie Stilsicherheit und einen großartigen künstlerischen Geschmack gehabt.

Im Wiener Domizil der Familie wurde Kultur großgeschrieben – es gab Soireen, Diners und Galaabende. Julie und ihre sieben Geschwister genossen am Esstisch die Gesellschaft von Schriftstellern, Künstlern und Komponisten, waren allesamt höchst talentiert und bewährten sich später in ihren bevorzugten Betätigungsfeldern. Julie und ihre kleine Schwester bezauberten die Besucher mit ihrem vornehmen Äußeren. Doch blieb diesen der Mund offenstehen, wenn die beiden zur Zigarre griffen, was Mitte des 19. Jahrhunderts ein unerhörter Anblick war.

Die Familie Rothschild ist deutsch-jüdischen Ursprungs und begann Ende des 18. Jahrhunderts mit dem Aufbau eines Netzwerks aus Banken und Finanzhäusern, das sich über ganz Europa erstreckte. Julie war die Urenkelin von Mayer Amschel Rothschild (1744–1812), dem Begründer der Dynastie. Dessen Söhne reisten durch Europa und waren in seinem Auftrag damit beschäftigt, Bankfilialen in Wien, Neapel, London und Paris aufzubauen, wobei ihnen das familiäre Netzwerk sehr half. Für Julie, die dem Wiener Zweig entstammte, wurde ihr Cousin Adolphe aus Neapel als Gatte ausgesucht – so war es in der Familie üblich; die beiden heirateten im Jahre 1850. Adolphe bewunderte Julie für ihr Geschick beim Sammeln französischer Kunstgegenstände; das Haus der beiden war voll davon.

Obwohl Adolphe der Banker des Neapler Zweigs war, hegte er kein großes Interesse an Finanzangelegenheiten und nützte die erstbeste Möglichkeit, die Stadt zu verlassen, nachdem Franz II., König von Sizilien und Neapel, gezwungen wurde, ins Exil zu gehen. Das Königreich von Franz II. erstreckte sich über die südliche Hälfte Italiens, bis Giuseppe Garibaldi (1807–1882), der Führer der Revolutionsarmee, welche die nationale Vereinigung Italiens im Rahmen des Risorgimento anstrebte, eine Revolte gegen ihn anzettelte.

Julie wanderte mit Adolphe in die Schweiz aus; dort lebten sie in einem prunkvollen Domizil, das sie sich am Ufer des Genfer Sees hatten bauen lassen. Das im Stil von Ludwig XVI. erbaute Rothschild-Schloss Pregny beherbergte nicht nur eine Kunst- und Gemäldesammlung, sondern wohl auch ein Atelier für Julie, die eine begeisterte Fotografin war.

Caroline Julie Rothschild, von ihrer Familie Julie genannt, auf einer Fotografie aus dem Jahre 1864.

Die beiden sammelten auch Tiere und Pflanzen, genau wie später ein weiteres Mitglied der Familie, Béatrice Ephrussi de Rothschild (1864–1934), die auf dem Anwesen ihrer Villa in Saint-Jean-Cap-Ferrat an der Côte d'Azur einen botanischen Garten unterhielt.

Bereits im Jahre 1868 hatten sich Julie und Adolphe eine Wohnung im eleganten achten Pariser Arrondissement gekauft, in einem Haus, das für Isaac Péreire, einen Konkurrenten der Rothschilds, erbaut worden war, dessen Gattin ebenfalls Namenspatronin für eine Rose war.

Das Ehepaar Rothschild setzte sich aber nicht nur in der Kunst und mit seinen Gärten ein bleibendes Andenken, sondern auch in anderen Bereichen, etwa mit zwei Augenkliniken in Paris und Genf. Anlass für diese Stiftung war eine Reise in einem offenen Zugwaggon, bei der Adolphe ein Stückchen Kohle ins Auge flog. In Genf angekommen, wandte er sich an einen jungen Augenarzt, der eine rasche und schmerzfreie Operation vornahm. Der glückliche Ausgang bewegte Adolphe dazu, in Genf das Hôpital Ophtalmique Adolphe de Rothschild zu erbauen.

In dieser Augenklinik, die 1874 als Privatinstitution ihre Pforten öffnete, wurden Patienten unabhängig von ihrer Konfession oder ihrer Staatsangehörigkeit kostenlos behandelt. In den Statuten wurde festgehalten, es müsse »die Würde aller Patienten gewahrt« werden, und zwar »unabhängig von ihrer Einstellung«. Rothschild stiftete die Klinik dem Gemeinwohl und kam für sämtliche Kosten mit seinem Privatvermögen auf. Sie sollte ausdrücklich der Behandlung und Heilung von Patienten dienen und nicht der Forschung. Auch Julie betonte, dass »die Klinik keine Unterabteilung der medizinischen Akademie werden sollte«.

Später gründeten die beiden eine ähnliche Einrichtung in Paris, wobei nach Adolphes Tod im Jahre 1900 der Großteil der Arbeit bis zur Fertigstellung Julie überlassen blieb, in einer Zeit, in der es in Frankreich immer wieder zu antisemitischer Agitation kam. Sie nahm das Projekt mit viel Engagement in Angriff, und nach fünf Jahren konnte die Klinik eröffnet werden.

Als Julie zwei Jahre später kinderlos verstarb, ging der Löwenanteil ihres Vermögens, insbesondere das Schloss mit all seinen Schätzen, auf ihren damals 23-jährigen französischen Lieblingsneffen Maurice über, einen Casanova und Spieler, der als das schwarze Schaf der Familie galt. Ihrem Bruder Albert hatte Julie das Krankenhaus vererbt, dieser überschrieb es der wohltätigen Fondation Ophtalmologique Adolphe de Rothschild. Mittlerweile arbeitet die Klinik eng mit dem Service Publique Hospitalier zusammen. Entgegen Julies Bedenken widmet sich das Krankenhaus nun auch der medizinischen Forschungsarbeit und zeichnet für die Einführung der Laser-Operation im Jahre 1978 verantwortlich.

Die Rose »Baroness Rothschild«

Rosentyp: Remontant-Rose
Einführung: 1868
Züchter: Pernet, Lyon, Frankreich
Abstammung: Sport (Zufallsmutation) von *Rosa* »Souvenir de la Reine d'Angleterre«
Alternative Bezeichnungen: *Rosa* »Baronne Adolphe de Rothschild«

Ursprünglich hieß diese Rose »Baronne Adolphe de Rothschild«, heute ist sie nur noch unter dem Namen »Baroness Rothschild« bekannt. Sie ist eine der schönsten Vertreterinnen der Remontant-Rosen, die in den 1830er-Jahren aus einem umfassenden Züchtungsprogramm hervorgingen. »Baroness Rothschild« ist unbestritten eine Augenweide. Die großen, edel geformten Blüten sind gefüllt und wirken leicht becherförmig, wenn sie sich öffnen. Die Blütenblätter sind rein rosarot und fühlen sich seidig an. Im Gegensatz zu so manchen Artgenossen folgt bei »Baroness Rothschild« nach der Hauptblüte ein guter zweiter Flor. Ihr einziges Manko ist ihr schwacher Duft, von dem manche sagen, er erinnere an Schlüsselblumen.
Der Strauch ist robust und trägt große graugrüne Blätter. Remontant-Rosen sind nicht selbstreinigend und bedürfen daher einiger Pflege. Trotzdem haben sie im historischen Rosenlexikon als wichtige Entwicklungsstufe zu den mehrfachblühenden Rosen Eingang gefunden. Sie sind zwar noch keine echten Dauerblüher, man kann aber zumindest zu einem gewissen Grad mit einer Nachblüte rechnen.
Mit ihren großen, drallen Blüten haben die Remontant-Rosen während der gesamten Regentschaft von Königin Viktoria bei Rosenschauen stets das Feld angeführt. Ich persönlich stehe ihnen etwas reserviert gegenüber, da sie erstens eine gewisse Raffinesse vermissen lassen und zweitens als Gartenpflanzen recht krankheitsanfällig sind und wir kein Gift spritzen möchten.
Ihr Züchter Joseph Pernet fusionierte 1881 mit seinem Kollegen Ducher und erschuf gemeinsam mit ihm zahlreiche schöne neue Rosen. Als Duchers Tochter Pernet heiratete, waren damit zwei der wichtigsten französischen Züchterfamilien verbunden. Das Imperium Pernet-Ducher war konkurrenzlos auf dem Sektor der französischen Rosenzüchtung, bis es nach dem Tod der beiden Söhne während des Ersten Weltkriegs unterging.
Die unter dem Namen »Baroness Rothschild« gezüchtete und vertriebene Rose ist nicht

zu verwechseln mit der von Dame Miriam Rothschild in ihrem wunderbaren Buch The Rothschild Gardens (1997) beschriebenen Rosa rothschildii. Diese ist zwar ebenfalls rosarot, hat allerdings einfache Blüten und wurde von George Claridge Druce 1913 in Ashton Wold, dem Domizil von Miriams Vater Charles Rothschild, entdeckt. Man hielt sie zunächst für eine Abart von Rosa tomentella, später für eine Abart von Rosa obtusifolia und ist mittlerweile zu dem Schluss gekommen, dass es sich um eine Kreuzung von Rosa canina und Rosa sherardii handelt.

Marie Henriette Anne (frz. Duchesse de Brabant)

1836–1902

von Habsburg-Lothringen, Herzogin von Brabant

»Wenn Gott meine Gebete erhört, lässt er mich nicht mehr lange leben.« Die Worte der Erzherzogin Marie Henriette kaum fünf Wochen nach ihrer Vermählung mit Kronprinz Leopold, dem Herzog von Brabant und zukünftigen König Leopold II. von Belgien, lassen darauf schließen, wie verzweifelt die junge Frau in Anbetracht ihrer glücklosen Ehe gewesen sein muss.

Leopold I., der erste König des neu erschaffenen Staates Belgien, hatte die Vermählung seines damals 18-jährigen Sohnes mit Marie Henriette Anna, der Tochter des Habsburger Erzherzogs Joseph, arrangiert. Leopold zeichnete auch für die Hochzeit seiner Nichte, der britischen Königin Viktoria, mit Albert von Sachsen-Coburg-Gotha verantwortlich, doch im Gegensatz zu dieser Verbindung sollte die Ehe seines Sohnes jämmerlich scheitern.

Die Hochzeit fand einen Tag vor Marie Henriettes 17. Geburtstag im Jahre 1853 statt, und die beiden Eheleute hassten einander vom ersten Augenblick an von ganzem Herzen. Die Ehe war ein Desaster. Der einzige Sohn, der aus ihr hervorging, starb im Alter von neun Jahren. Die beiden Eheleute passten kein bisschen zueinander und lebten nach der Geburt der dritten Tochter zumeist voneinander getrennt. »Der König schäumte vor Wut und verweigerte jeglichen Umgang mit seiner bewundernswerten Gemahlin«, wusste Louise, die älteste Tochter der beiden, später zu berichten.

»Mittelgroß, etwas pummelig, nicht besonders hübsch, aber auch nicht hässlich, mit einem lauten Lachen wie ein Bauernmädchen«, so beschreibt Leopold seine Frau, die auch von seiner Familie abgelehnt und kritisiert wurde. Doch nach 1865, als Leopold den Thron bestieg, machte sie sich bei ihrem Volk schon bald als verlässliche und umsichtige Königin beliebt. Man nannte sie »die Rose von Brabant«. Ihre Untertanen beschrieben sie als gelassene, »erhabene« Persönlichkeit. Sie war eine vollendete Künstlerin und Musikerin und zudem eine gute Reiterin, und sie suchte häufig Trost bei ihren Pferden, die sie selbst trainierte. Bei den täglichen Ausritten konnte sie den Zwängen des Palastlebens entfliehen. Ihre Fähigkeiten im Umgang mit Pferden waren es auch, die zur Freundschaft mit dem

Marie Henriette, Herzogin von Brabant. Porträt von Franz Xaver Winterhalter (1805–1873).

Kriegsminister führten, der sie gelegentlich die Übungsangriffe seiner Kavallerie anführen ließ.

Marie Henriette stellte immer wieder ihre unerschöpfliche Güte und große Anteilnahme am Schicksal ihrer Mitmenschen unter Beweis, etwa als sie sich bereit erklärte, ihre psychisch kranke Schwägerin, Charlotte von Belgien (1840–1927), deren Ehemann in Mexiko exekutiert worden war, nach Hause zu begleiten. Charlotte wurde von den österreichischen Habsburgern in Triest festgehalten, und Marie Henriette kämpfte sich schlau und entschlossen und ohne sich entmutigen zu lassen durch das österreichische Labyrinth politischer Intrigen und widmete auch anschließend der Betreuung und Pflege ihrer Schwägerin viel Zeit und Energie.

Leopold terrorisierte inzwischen seine Familie, schockierte Europa mit seinen Affären und stürzte den Freien Staat Kongo ins Verderben, nachdem er ihn im Jahre 1885 praktisch zu seinem privaten Lehen erklärt hatte. Er quälte seine Frau und seine Kinder und erregte mit seinem liederlichen Verhalten in ganz Europa Anstoß. Insbesondere seine Angewohnheit, sich die Gefälligkeiten junger Prostituierter zu erkaufen, bereitete seiner Familie Kummer und Schande. Vor einem englischen Gericht wurde enthüllt, dass er 800 Pfund im Monat dafür ausgegeben hatte, sich mit Mädchen zu vergnügen, die gerade einmal zehn Jahre alt waren. Im Kongo herrschte er mit großer Brutalität, größtenteils mithilfe von Söldnern und zu seinem eigenen finanziellen Vorteil; seine Regentschaft brachte Millionen Menschen Leiden und Tod.

Marie Henriette und Leopold entfremdeten sich immer mehr; schließlich trennte sie sich von ihm und zog sich in ihr Haus in der belgischen Stadt Spa zurück, wo sie die letzten Jahre ihres Lebens isoliert von ihren Kindern verbrachte und 1902 starb. Leopolds Verhalten seinen drei Töchtern gegenüber war ebenfalls skandalös. Er wollte nichts mit ihnen zu tun haben, untersagte Stéphanie die Teilnahme an der Beerdigung ihrer Mutter, weil er sie nicht sehen wollte, Louise ließ er in eine psychiatrische Anstalt einweisen, obwohl sie geistig völlig normal war, und Clémentine, die Jüngste, die in Victor Napoléon verliebt war, musste warten, bis ihr Vater gestorben war, ehe sie heiraten konnte. Außerdem enterbte Leopold seine Töchter und strengte in seiner Habgier sogar einen Prozess gegen sie an, um als einziger Erbe alleinigen Anspruch auf das Vermögen seiner verstorbenen Frau geltend machen zu können.

Sein lasterhaftes Verhalten hatte auch nach Marie Henriettes Tod kein Ende. Mit 65 Jahren ließ sich Leopold vor aller Augen ganz ungeniert auf eine Affäre mit der 16-jährigen Caroline Lacroix ein, die er gut neun Jahre später auf seinem Totenbett ehelichte. Kurzum, eine Frau, die so viel durchlitten hat wie Marie Henriette, die Herzogin von Brabant, verdient es zweifellos, mit einer Rose geehrt zu werden.

Die Rose »Duchesse de Brabant«

Rosentyp: Teerose
Einführung: 1857
Züchter: Bernède, Frankreich
Abstammung: unbekannt
Alternative Bezeichnungen:
Rosa »Comtesse de Labarthe«,
Rosa »Comtesse Ouwaroff«, *Rosa* »Shell«

Marie Henriette wurde mit einer höchst außergewöhnlichen Rose geehrt, deren Schönheit in krassem Gegensatz zum freudlosen Leben ihrer Namenspatronin an der Seite des niederträchtigen Leopold steht. Es gibt diese üppig wachsende Sorte nicht nur als Strauch, sondern auch als Kletterrose. Sie ist wohlgeformt und wuchsfreudig und breitet sich gern aus. Ihre zarten, fast schon transparenten Blüten sind hellrosa und tulpenförmig, und mit dem perlenartigen Glanz ihrer Kronblätter kann sich keine andere Rose messen. Ihre Laubblätter sind hellgrün und spitz zulaufend, und ihr wunderbarer Duft ist eine herrliche Mischung aus Wildrosen- und Teerosenaroma.
Wir kamen rein zufällig zu unserer kletternden »Duchesse de Brabant« – man hatte sie uns fälschlicherweise geschickt; ein Irrtum, für den ich ewig dankbar sein werde! Auf unsere anfängliche Verblüffung folgte alsbald Staunen über die atemberaubende Schönheit und Vitalität dieser Rose, die sich gern an Lauben emporrankt und darüber hinauswächst, damit sie ungehindert ihre Blüten zur Schau stellen kann. Wie so viele Teerosen ist »Duchesse de Brabant« auf warmes Klima angewiesen, damit sie ihre ganze Pracht entfalten kann. In unserem Garten gedeiht sie krankheitsfrei. Diese Sorte hieß auf den Bermudainseln »Shell« und war auch unter den Bezeichnungen »Comtesse de Labarthe« oder »Comtesse Ouwaroff« bekannt. Ob Marie Henriette, die Herzogin von Brabant, ebenfalls diese Titel trug, konnte ich nicht eruieren. Sicher ist jedoch, dass »Duchesse de Brabant« die Lieblingsblume von US-Präsident Theodore Roosevelt war und er meist eine ihrer Blüten im Knopfloch trug.

Gertrude Jekyll

1843–1932

Die Gärtnerin Gertrude Jekyll war mit Leib und Seele Künstlerin. Vor allem die von ihr gestalteten Blumenrabatten, die zum Inbegriff der englischen Gartengestaltung avancierten, machten sie bekannt. In ihrem Standardwerk *Colour in the Flower Garden* (1908) schreibt sie: »Ich bin unbedingt der Ansicht, dass eine große Anzahl von Pflanzen allein noch keinen Garten ausmacht, so viele es auch sein mögen und so gut sie jede für sich auch sein mögen.«

Gertrude Jekyll machte sich die Parallelen zwischen Gartengestaltung und Malerei zunutze und schuf vor ihrem geistigen Auge »Gartenbilder«. Für sie kam die Gestaltung von Gärten einem Malen mit Blumen gleich, und sie besaß ein unfehlbares Gespür für Farben, Formen und Struktur.

Gertrude erblickte in London das Licht der Welt. Ihr Vater war ein ehemaliger Captain der Grenadier Guards, ihre Mutter eine Musikerin, die unter Mendelssohn studiert hatte. Die Familie zog nach Bramley im ländlichen Surrey, als Gertrude noch ein Kind war. Dort wuchs das Mädchen zu einer zielstrebigen, entschlossenen und künstlerisch hoch begabten jungen Frau heran. Sie brach mit den Konventionen der englischen Mittelklasse, als sie sich an der South Kensington School of Art anmeldete, wo außer ihr nur eine Handvoll anderer Frauen studierte und ihre künstlerischen Fähigkeiten weiter gefördert wurden. Ihr Interesse galt nicht nur der Malerei; ihr Wissensdurst erstreckte sich auch auf die Bereiche Innenausstattung, Schnitzen, Sticken und die Herstellung von Silberschmuck.

Während ihres Studiums lernte sie William Morris (1834–1896) kennen, einen der führenden Köpfe der englischen Arts-and-Crafts-Bewegung, der ihren künstlerischen Ansatz beeinflusste. Sie war ein Fan des Kritikers und Künstlers John Ruskin (1819–1900) sowie der präraffaelitischen Maler und erstand später sogar ein Gemälde von Dante Gabriel Rossetti.

Gertrude Jekyll wird als geistreich, intelligent und großzügig beschrieben. Der Rosenexperte Graham Stuart Thomas erinnert sich an eine Begegnung mit ihr in ihrem Garten: »Suchen Sie sich ein beliebiges Thema aus, über das Sie mit mir reden möchten, und dann kommen Sie zum Tee zu mir«, sagte sie. Sie reiste viel, nicht nur in Europa, sondern auch im Nahen Osten und Nordafrika, und entwickelte sich zu einer kompetenten und talentierten Botanikerin und einer passionierten Gärtnerin. In den 1870er-Jahren begann sie ihre Kunstwerke auszustellen; da sie jedoch an Kurzsichtigkeit litt und ihr Sehvermögen kontinuierlich schwand, war sie

Gertrude Jekyll, Porträt aus dem Jahre 1920 von Sir William Newzam Prior Nicholson (1872–1949).

gezwungen, sich von ihren Ambitionen in den Bereichen Kunst und Stickerei zu verabschieden, und sie konzentrierte sich ganz auf die Gartengestaltung.

Als 1876 ihr Vater starb, zog die Familie nach Munstead in Surrey, wo ihre Mutter mitten in der Heidelandschaft ein Haus bauen ließ. Die Planung des Gartens oblag Gertrude, und die Besuche der Gartenfachleute ließen nicht lange auf sich warten. In den nun folgenden vierzig Jahren gestaltete sie unzählige Gärten und pflegte Umgang mit einflussreichen Künstlern und Denkern. Sie wurde eine produktive Autorin mit einem oft nonchalanten oder auch lyrischen Stil, obwohl ihre Bücher und Artikel eher belehrenden als unterhaltenden Charakter hatten.

»Wenn sich die Arten der Gartengestaltung, die mir am lohnendsten erscheinen und die ich in meinen Büchern vorzustellen versucht habe, für andere als nutzbringend erweisen, dann deshalb, weil ich keine einzige Zeile geschrieben habe, die nicht auf harter Arbeit und Erfahrung gründete«, schrieb sie 1927.

Gertrude Jekyll zeichnet für das Konzept der modernen »gemischten Staudenbeete« verantwortlich, in denen Rosen einträchtig neben anderen Pflanzen stehen, statt sich der Welt in strenger Monokultur mit freiliegenden, sichtbaren Stämmen zu präsentieren. Sie war eine von ihren Maximen hundertprozentig überzeugte Gartenarchitektin, baute gern unzählige Pflanzen von ein und derselben Farbe auf großen Flächen an und erarbeitete sich mit ihrem botanischen Wissen und ihrem überragenden Sinn für die Wirkung von Farbe, Licht und Schatten eine internationale Reputation.

Der Garten ihres Anwesens Munstead Wood in Surrey diente ihr dabei als Forschungsstätte. 1889 lernte sie den damals zwanzig Jahre alten Architekten Edwin Lutyens kennen, von dem sie sich sieben Jahre später auf einem Grundstück gegenüber dem Haus, in dem ihre Mutter wohnte, ihr eigenes Domizil planen ließ. Damit war der Grundstein für eine Partnerschaft gelegt, die noch heute in vielen der prächtigen englischen Gärten wiederzuerkennen ist, darunter die Hestercombe Gardens in Somerset und der Park von Castle Drogo in Devon.

Gertrude wurde mit der Victorian Medal of Honour und der Veitchian Gold Medal der Royal Horticultural Society geehrt und erhielt zudem von der Massachusetts Horticultural Society die White Gold Medal. Sie beschäftigte sich auch mit der Fotografie, einer Kunstform, die sie sehr ernst nahm, und entwickelte ihre Bilder selbst. Mit ihren ersten Farbfotografien offenbarte sich ihr Talent als Gartengestalterin auch der breiten Öffentlichkeit.

Gertrude Jekyll war an der Planung von über 350 Gärten beteiligt und übte weit über die Grenzen ihrer Heimat hinaus einen nachhaltigen Einfluss auf die Gartenarchitektur aus.

Die Rose
»Gertrude Jekyll«

Rosentyp: Englische Rose
Einführung: 1987
Züchter: Austin, Albrighton, Großbritannien
Abstammung: *Rosa* »Wife of Bath« x *Rosa* »Comte de Chambord«

Dieses Prachtexemplar aus der Gruppe der Englischen Rosen ist ein würdiges Denkmal für eine großartige englische Gartenarchitektin. Als Strauch wächst die Pflanze hoch und schmal, eignet sich aber auch für den Einsatz als kleine Kletterrose. Im Gegensatz zu ihrer eher zurückhaltenden Namenspatronin präsentiert sich die Rose recht auffällig. Ihre extravaganten Blüten sind von einem kräftigen Rosa, eine Farbe, die Gertrude Jekyll so gut wie nie in ihren Blumenrabatten verwendete. Ihre wohlgeformten kleinen Knospen öffnen sich zu einer vollen doppelten Rosette, die selbst im Regen ihre Form behält. Ihr Züchter David Austin (geb. 1926) sagt über sie: »Die Knospen entfalten sich fast über-raschend zu beachtlich großen, gut gefüllten Blüten, deren Petalen meist mit perfekter Präzision in einer vom Zentrum ausgehenden Spirale angeordnet sind.« Ihr im Überfluss vorhandenes Laub ist graugrün, die großen Blätter sind spitz und elegant geformt. Sie wird als widerstandsfähig, aber etwas ungraziös beschrieben. Ihre herausragendste Eigenschaft ist eindeutig ihr Geruch, der oft als »der Duft einer echten Damaszener-Rose« bezeichnet wird. »Gertrude Jekyll« wurde für die Produktion des ersten britischen Rosenparfums seit über 250 Jahren ausgewählt. Am besten pflanzt man sie in Dreiergruppen, damit sie das Auge des Betrachters mit ihrer Üppigkeit und Pracht erfreuen kann, und lässt sich abends mit einem Glas Wein neben ihr nieder, um ihren Duft zu genießen.

Ihr Züchter David Austin wurde auf einer Farm in Shropshire in Mittelengland geboren, die mittlerweile den nach ihm benannten Rosenzuchtbetrieb beherbergt. Er war zunächst Landwirt wie sein Vater, bis er in den 1960er-Jahren eine Karriere als Rosenzüchter begann. Sein Ziel war, Pflanzen zu erschaffen, deren Form und Duft an alte Rosen erinnern und die sich zugleich durch moderne Eigenschaften wie Öfterblütigkeit und leuchtendere Farben auszeichnen. »Gertrude Jekyll« ist einer seiner Züchtungserfolge.

Lady Hillingdon

1857–1940

Die faszinierende Lady Alice Marian Harbord-Hammond war die zweite Tochter des fünften Lord Suffield und von Kindesbeinen an dem britischen Königshaus eng verbunden.

Im Alter von 28 Jahren heiratete Alice Charles William Mills (1855–1919), seines Zeichens zweiter Baron Hillingdon, ein Titel, der erst seit 1868 existierte. Ihr Ehemann war Banker und von 1885 bis 1892 Abgeordneter des Unterhauses für die Stadt Sevenoaks in der südostenglischen Grafschaft Kent. Er gehörte außerdem der Lieutenancy for London an (Lord Lieutenant: persönlicher Repräsentant des britischen Monarchen in den Verwaltungseinheiten des Vereinigten Königreichs). Von den drei Söhnen, die der Ehe entsprangen, starb einer noch im Säuglingsalter, der zweite fiel 1915 im Ersten Weltkrieg an der Front, der dritte, Arthur Robert Mills, erbte schließlich den Titel seines Vaters.

Von der Frau mit dem eleganten Namen, der eine noch elegantere Rose gewidmet ist, stammen angeblich die Worte: »Ich bin froh, dass Charles nun nicht mehr so häufig wie früher in mein Schlafgemach kommt. Mittlerweile muss ich höchstens zwei Besuche pro Woche ertragen, und wenn ich draußen vor der Tür seine Schritte höre, lege ich mich auf mein Bett, schließe die Augen, spreize die Beine und denke an England.« So ist es jedenfalls in der Zitatensammlung *A Woman's Place: Quotations About Women* von Anne Stibbs nachzulesen. Wohl aufgrund dieser Aussage kursierte später unter humorvollen Züchtern der Spruch, die Rose »Lady Hillingdon« sei »gut in der Horizontalen, aber besser an einer Mauer«.

Das Paar besaß zwei Landsitze: das Anwesen Overstrand Hall in der gleichnamigen Ortschaft an der Küste von Norfolk, das sich bereits länger im Besitz der Familie Hillingdon befand und das Alice und Charles als Hochzeitsgeschenk erhalten hatten. Im Jahre 1884 kaufte Charles zusätzlich das im georgianischen Stil erbaute Herrenhaus Wildernesse in Seal in der Grafschaft Kent. Er ließ das Gebäude beträchtlich erweitern und ein eigenes Gaswerk, eine Wäscherei sowie ein Waisenhaus bauen.

Nachdem sich ein Zeitungsartikel lobend über die schöne Umgebung geäußert hatte, beschlossen zahlreiche Reiche und Berühmte, sich in Overstrand einen noblen Landsitz bauen zu lassen, weshalb die Ortschaft bald als Dorf der Millionäre Berühmtheit erlangte. Gegen Ende des 19. Jahrhunderts erbauten Lord und Lady Hillingdon nach den Plänen des Architekten Sir Edwin Lutyens ein neues Herrenhaus im jakobinischen Stil, das mit seinen Innenhöfen und den zahlreichen aus Holz und Stein

Lady Alice Hillingdon,
Fotografie aus dem Bassano Studio
in London, 1921.

gefertigten Details nach dem Architekturhistoriker Nicholas Pevsner zu Lutyens' beeindruckendsten Werken zählt. Bei der Gestaltung von The Pleasaunce, einem weiteren Anwesen in Overstrand, arbeitete Lutyens mit der Gartenarchitektin Gertrude Jekyll zusammen.

Alice und Charles besaßen auch ein Anwesen in Uxbridge im Nordosten Londons: Hillingdon Court – ein stattliches Herrenhaus, das Charles' Vater hatte bauen lassen. Das Ehepaar Hillingdon war in Uxbridge äußerst beliebt, da es die Errichtung eines kleinen Krankenhauses für die Gemeinde finanziert hatte. Aus Briefen, die in der Women's Library der London Metropolitan University aufbewahrt werden, geht hervor, dass die Uxbridge Women's Suffrage Society im Jahre 1909 in Erwägung zog, Alice den Präsidentinnentitel der Frauenvereinigung anzutragen. Ob sie angenommen hat, geht aus den Briefen jedoch nicht hervor.

Während des Ersten Weltkriegs stellte Lady Hillingdon Overstrand Hall als Offizierslazarett zur Verfügung und übertrug ihrer Schwester Bridget die Leitung. Möglicherweise wurde ihr deshalb der britische Verdienstorden »Order of the British Empire« verliehen.

Die Rose »Lady Hillingdon«

Rosentyp: Teerose
Einführung: 1910
Züchter: Lowe & Shawyer, Uxbridge, Großbritannien
Abstammung: *Rosa* »Papa Gontier« x *Rosa* »Madame Hoste«

Wir haben es hier mit einer außergewöhnlichen und aufsehenerregenden Rose zu tun. Aufsehenerregend, weil sie der Inbegriff von Anmut und Eleganz ist; außergewöhnlich, weil ihre Stiele und Blätter im Austrieb rotbraun bis bronzefarben und die Blüten von einem weichen Elfenbeinweiß bis Orangegelb sind. Ihr interessanter Duft, eine Mischung aus dem charakteristischen Geruch einer frisch geöffneten Packung Tee und einem Hauch Aprikosenaroma, ruft nicht nur Begeisterung hervor, sondern stößt durchaus auf Abneigung. Ihr Wuchs ist typisch für eine Teerose. Da ihre langen, spitz zulaufenden Knospen auf einem dünnen Hals sitzen, nicken die Blüten leicht. Ich frage mich, ob die Namenspatronin dieser edlen Rose rötliches Haar hatte – das schwarz-weiße Foto von ihr, das in der National Portrait Gallery in London hängt, lässt leider keine Rückschlüsse zu. »Lady Hillingdon« blüht fast durchgehend und wurde bei ihrem Debüt im Jahre 1910 von der National Rose Society mit einer Goldmedaille ausgezeichnet.

Alle Rosen der Familie der Teerosen verströmen einen ätherischen Charme, den ihre modernen Nachkommen vermissen lassen. Der prächtige, buschige Strauch ist wohlgeformt und graziös, die Blätter sind weich und spitz. »Lady Hillingdon« gibt es in Strauchform und als Climber. Bei der kletternden Variante sitzen die Blüten auf kürzeren, dickeren Stielen, weshalb bei ihr die Köpfe nicht ganz so »schüchtern« und graziös überhängen wie bei der Strauchrose.

Joseph Lowe und George Shawyer betrieben Anfang des 20. Jahrhunderts in Uxbridge die wohl größte Schnittblumenproduktion Großbritanniens. Sie hatten sich auf die Züchtung von Chrysanthemen für den Londoner Blumenmarkt spezialisiert. Zwischen 1903 und 1913 warteten sie mit sechs neuen Züchtungen auf; »Lady Hillingdon« war die dritte davon. Alle neuen Rosen wurden nach Personen benannt, darunter Rosa »Mrs. George Shawyer« und Rosa »Joseph Lowe«.

Ellen Willmott

1858–1934

Ellen Willmott war eine überaus passionierte Gärtnerin, und ihre Leidenschaft führte sogar zum Verlust ihres Vermögens. Die kluge, eigensinnige Tochter eines Londoner Rechtsanwalts lebte zur Zeit der legendären Gertrude Jekyll. Beide Frauen schätzten sich sehr, und sie waren die beiden einzigen, deren Leistungen in dem vor allem von Männern dominierten Bereich der Gartengestaltung Beachtung fanden. Für ihre Verdienste wurde ihnen 1897 von der Royal Horticultural Society eine neu geschaffene Auszeichnung, die Victoria Medal of Honour, verliehen. Sie waren damals die einzigen Frauen, denen diese Ehre zuteil wurde.

Ellen Willmott kam in Heston in der Grafschaft Middlesex zur Welt. 1882 wagte sie sich zum ersten Mal allein an ein großes Gartenprojekt. Sie verfügte über ein beträchtliches, von ihrer Patentante, der Gräfin Helen Tasker, ererbtes Vermögen, und die wohlhabende, ledige junge Frau konnte sich so ungehindert ihren Lieblingsbeschäftigungen, dem Musizieren und dem Gärtnern, widmen. An ihrem Geburtstag wartete alljährlich ein Scheck über eintausend Pfund auf dem Frühstückstisch auf sie, was damals eine Menge Geld für eine junge Frau war. Im Jahre 1888 erbte sie noch einmal, diesmal den Betrag von 140 000 Pfund. Unterstützt von einer ganzen Armee von Helfern widmete sie sich mit zunehmender Intensität dem Gärtnern.

Ellen Willmott soll gebieterisch und selbstherrlich gewesen sein, eine Tyrannin, die in ihren Gärten angeblich keinerlei Unkraut tolerierte. Mal war sie übertrieben verschwenderisch, dann wieder äußerst knauserig, und nicht selten war es völlig unmöglich, mit ihr auszukommen.

In finanziellen Dingen war sie völlig unbedarft. Sie unterstützte Pflanzenjäger mit großzügigen Spenden und investierte Unmengen in ihre beiden Anwesen in Frankreich und Italien, insbesondere in die dazugehörenden Gärten. 1889 hatte sie nach einer großen Europareise anlässlich ihres dreißigsten Geburtstags das Château de Tresserves nahe der Stadt Aix-le-Bains am Fuße der französischen Alpen gekauft, später kam noch die Villa Boccanegra an der Mittelmeerküste in der Nähe von Ventimiglia in Ligurien dazu. Die bombastischen Visionen, die sie in ihren Gärten zu verwirklichen suchte, trieben sie auf lange Sicht zwar in den finanziellen Ruin, doch auf die Entwicklung der Gartengestaltung hatte Ellen Willmott unbestritten einen nachhaltigen Einfluss.

1894 wurde Ellen Mitglied der Royal Horticultural Society und erkämpfte sich einen Platz im Narzissen-Komitee, das zuvor stets in Männerhand gewesen war. Ihre Osterglocken wurden mit einer Reihe von

Ellen Willmott, Porträt von Rosa Mantovani (20. Jh.).

Goldmedaillen ausgezeichnet und schmückten im Frühjahr in großer Zahl die Gärten von Warley Place. Ihre Hybriden benannte sie nach ihren liebsten Mitmenschen. Sie war eine der ersten Frauen, die in die prestige-trächtige Linné-Gesellschaft aufgenommen wurden.

Man sagt Ellen Willmott nach, sie hätte niemals Pflanzen verschenkt, doch diesbezüglich war sie offenbar besser als ihr Ruf, denn sie verteilte alljährlich Samen aus ihrem Garten in Warley, in dem laut einer Samen-liste von 1932 über 600 Pflanzenarten wuchsen. Angeblich trug sie auch stets einige Samen des stacheligen Doldenblütlers *Eryngium giganteum* bei sich, die sie nachts in fremde Gärten streute, weshalb diese Pflanze, in deren Erscheinungsbild sich der Charakter ihrer Namenspatronin wider-spiegelt, im Volksmund heute »Miss Willmott's Ghost« heißt. Sir William Thistleton-Dyer, der damalige Leiter der Königlichen Botanischen Gärten in Kew, schrieb in seinem Nachruf auf Ellen Willmott: »Sie galt nicht gerade als großzügig, wie das bei Gärtnern und Gärtnerinnen oft der Fall ist, und wer von ihr Pflanzen geschenkt bekam, nahm diese besonders sorgfältig unter die Lupe, aus Angst, es könnte sich um irgendein unkon-trolliert wucherndes Grünzeug handeln.«

Ellen Willmott war zweifelsohne eine außergewöhnliche Pflanzenkenne-rin ihrer Zeit – und eine große Rosenliebhaberin, wie ihr 1914 erschie-nenes Buch *The Genus Rosa* beweist. Finanziell gesehen war das Buch ein Misserfolg; es wurde Jahre später unter der Anleitung von Graham Stuart Thomas, der viel zur Wiederherstellung von Ellen Willmotts Reputation beitrug, neu aufgelegt. Die Neuauflage enthält viele von Alfred Parsons angefertigte und hervorragend reproduzierte Originalzeichnungen.

Ellen hatte sich Geld geliehen in der Hoffnung, es durch den Verkauf von *The Genus Rosa* wieder hereinzubekommen, doch der Plan ging nicht auf. Als auch noch ihr Schloss in Frankreich niederbrannte und eine teure Instandsetzung erforderte, war sie plötzlich in ernsthaften finanziellen Nöten. Während des Ersten Weltkriegs wurde Warley Place von der Armee übernommen, mit verheerenden Folgen für ihren Garten – der Großteil der Pflanzen, die auf den Schwarz-Weiß-Fotografien in ihrem 1909 er-schienenen Buch *Warley Garden in Spring and Summer* zu sehen sind, wurde vernichtet.

Mit fortschreitendem Alter wurde Ellen Willmott immer misstraui-scher und ängstlicher und versah sogar ihre Narzissenbeete mit Sprengfal-len, um Diebstähle zu unterbinden. So fand die unbezwingbare, wenn auch exzentrische Gärtnerin, die einen großen Beitrag zur Erhaltung vieler Pflanzengattungen geleistet hat, ein eher unrühmliches Ende. Warley Place wurde schließlich versteigert, die sagenhaften Gartenanlagen ver-wilderten. Ellen Willmott starb einsam, verarmt und verbittert, von ihren Gärtnern und ihrer Familie verlassen.

Die Rose
»Ellen Willmott«

Rosentyp: Teehybride
Einführung: 1936
Züchter: Archer, Kent, Großbritannien
Abstammung: *Rosa* »Dainty Bess« x *Rosa* »Lady Hillingdon«

Von den sieben Rosen, die nach Ellen Willmott benannt sind, gilt unser Augenmerk an dieser Stelle der filigran wirkenden, himmlischen Teehybride, die zwei Jahre nach ihrem Tod eingeführt wurde. Mit dieser Rose wird sie am öftesten in Verbindung gebracht. Rosa willmottiae (1904), gezogen aus einem Samen, den Ernest Henry Wilson von einer China-Reise mitgebracht hatte, ist ebenfalls nach Ellen Willmott benannt, die die Expedition finanziert hatte. Diese Rose ist zwar offiziell noch im Handel erhältlich, allerdings kaum mehr bekannt.

Der relativ unbeachtete William Archer züchtete in den 1930er-Jahren einige wunderschöne ungefüllte Rosen. Die bezaubernde Rosa »Ellen Willmott« zählt zu seinen besten Züchtungen und ist eigentlich das genaue Gegenteil ihrer gestrengen, kratzbürstigen Namenspatronin. Vielleicht hat Archer sie ja ganz bewusst ausgewählt, um Willmotts nicht gerade schmeichelhaftes Image etwas aufzubessern. Die hübschen einfachen Blüten haben goldgelb und weinrot gefärbte Staubgefäße und hauchdünne, beinahe durchscheinende, cremeweiße Kronblätter mit einem leicht

gewellten blassrosa Rand. Der kräftige Strauch trägt gesundes, ledriges, dunkelgrünes Laub, wobei die austreibenden Blätter einen purpurnen Anstrich aufweisen. Es gibt wohl kaum eine Rose, die zartere, lieblichere, bezauberndere Blüten hervorbringt als »Ellen Willmott«.
Sie gleicht ihrer Elternpflanze »Dainty Bess« weitestgehend, wenngleich sich diese farblich von ihr unterscheidet – ihre Blüten sind durchgängig zartrosa. Dafür weist so gut wie gar nichts darauf hin, dass sie auch mit der auffälligen pfirsichrosa »Lady Hillingdon«, ihrem anderen »Elternteil«, verwandt ist.

Edith Cavell

1865–1915

Edith Cavell wurde in Swardeston, Norfolk, geboren, und war die Tochter eines englischen Geistlichen. Sie arbeitete zunächst als Gouvernante, unter anderem ab 1890 mehrere Jahre für eine Familie in Brüssel. Im London Hospital absolvierte sie eine Ausbildung zur Krankenschwester. Die ersten Jahre ihrer Laufbahn verbrachte sie in Kent, wo sie Typhuskranke behandelte, dann kümmerte sie sich eine Zeit lang um verarmte Patienten in Manchester, ehe sie erneut nach Brüssel ging. Dort übernahm sie 1907 im Alter von 42 Jahren die Leitung des Berkendael Medical Institute, einer neu geschaffenen Krankenschwesternschule, und entwickelte ein Programm zur Ausbildung belgischer Krankenpflegerinnen. Als 1914 der Erste Weltkrieg ausbrach, hatte dies radikale Auswirkungen auf ihre Arbeit.

Edith befand sich gerade zu Hause in England, um ihre frisch verwitwete Mutter zu besuchen, als am 4. August 1914 verkündet wurde, Großbritannien befinde sich im Krieg mit Deutschland. Ein Anlass war die Tatsache, dass das Deutsche Reich Verträge der europäischen Großmächte verletzt hatte, die die belgische Neutralität garantierten. Edith machte sich unverzüglich auf den Weg nach Brüssel. Sie sollte ihre Heimat nie wiedersehen.

Nach der Invasion der Deutschen in Belgien wurde Ediths Krankenschwesternschule vom Roten Kreuz übernommen und musste der einmarschierten Armee als Lazarett zur Verfügung stehen. Man bot Edith zwar die Möglichkeit, nach Großbritannien zurückzukehren, doch sie zog es vor, bei ihren Schutzbefohlenen zu bleiben.

Ediths humanitäres Engagement erweiterte sich auf folgenschwere Weise, als sie begann, zahlreichen britischen, französischen und belgischen Soldaten, die vor der deutschen Armee geflohen waren, in ihrem Spital Unterschlupf zu gewähren, ehe diese von einer Untergrundorganisation aus der Besatzungszone geschleust wurden. Mit ihrer Hilfe gelang über 200 alliierten Soldaten die Flucht in die neutralen Niederlande. In dieser Phase allerhöchster Gefahr sagte Edith Cavell 1915 einmal zu einer ihrer eingeweihten Kolleginnen: »Früher oder später wird man uns gewiss auf die Schliche kommen. Es gibt zu viele Menschen in der Organisation, und die Deutschen wissen, dass viele Männer die Grenze überqueren.« Doch ihre Befürchtungen konnten sie nicht davon abhalten, den Widerstand weiterhin zu unterstützen.

Die Deutschen hatten in der Tat Wind von den Fluchthilfeaktionen bekommen. Bei einem Überfall auf das Haus von Philippe Baucq, einem

Edith Cavell mit einem Kind
vor dem Krankenhaus Shoreditch
Infirmary (1903).

Mitglied der Untergrundbewegung, stießen sie auf Briefe, die er nicht mehr hatte zerstören können und in denen Ediths Name erwähnt wurde. Damit stand nun auch sie unter Verdacht. Man durchsuchte das Institut, konnte zunächst aber kein belastendes Material finden, da Edith sämtliche Unterlagen vorsorglich verbrannt und ihr Tagebuch in ein Kissen eingenäht hatte. Das einzige Beweisstück, das die Deutschen entdeckten, war eine zerfledderte Postkarte, auf der sich ein britischer Soldat bei Edith dafür bedankte, dass sie ihm bei der Rückkehr in die Heimat geholfen hatte.

So kam es, dass Edith Cavell Anfang August 1915 verhaftet wurde. Im Laufe ihrer zehnwöchigen Gefangenschaft gestand sie ihre Mittäterschaft, wohl weil sie annahm, auch die anderen Beteiligten hätten gestanden. Im Oktober wurde ihr zusammen mit 43 Angeklagten der Prozess gemacht, weil sie »feindlichen Subjekten zur Flucht auf neutrales Territorium verholfen« hatten. Dies stellte zwar einen Verstoß gegen das Militärgesetz dar, war allerdings kein Kapitalverbrechen. Allerdings wollte das deutsche Militärgericht an ihr ein Exempel statuieren. Der Staatsanwalt argumentierte auf der Basis von Ediths Geständnis, sie habe den Feind unterstützt, indem sie den Soldaten finanzielle Mittel und ortskundige Leute zur Verfügung gestellt hatte, sodass sie nach der Rückkehr in ihre jeweiligen Heimatländer erneut in den Krieg ziehen konnten. Unter dem Militärgesetz stand darauf die Todesstrafe. Edith wurde für schuldig befunden, das Urteil wurde aber nicht unverzüglich verkündet. Mehrere Tage später erfuhr sie, dass man sie und vier weitere Häftlinge, darunter auch Baucq, zum Tode verurteilt hatte.

Ein in letzter Minute eingereichtes Gnadengesuch konnte ihre Hinrichtung nicht mehr verhindern. Am darauffolgenden Morgen, dem 12. Oktober 1915, trat Edith Cavell in ihrer Schwesternuniform vor das Erschießungskommando. Reverend Gahan hielt ihre letzten Worte vor der Exekution fest: »Hier stehe ich nun vor Gott und der Ewigkeit, und ich habe erkannt, dass Patriotismus nicht genug ist. Ich darf weder Hass noch Bitterkeit gegenüber anderen empfinden.«

Die Hinrichtung und der vorangegangene geheime Prozess lösten weltweit einen Sturm der Entrüstung aus. Die Vorgehensweise der Deutschen mochte vom Standpunkt des Militärgesetzes her zu rechtfertigen gewesen sein, taktisch aber war sie ein schwerer Fehler. Der Tod von Edith Cavell wirkte auf die Öffentlichkeit nicht abschreckend, sondern im Gegenteil wie eine Kriegsfanfare, die die Soldaten an die Waffen rief: In den Ländern der Alliierten verdoppelte sich nach dem Vorfall die Anzahl der Rekruten, die Kampfmoral in Großbritannien erlebte einen trotzigen Aufschwung, und die heroische Krankenschwester wurde zu einer weltweit verehrten Märtyrerin.

Die Rose »Edith Cavell«

Rosentyp: Polyantha
Einführung: 1917
Züchter: de Ruiter, Niederlande
Abstammung: Sport (Zufallsmutation)
von *Rosa* »Orléans«
Alternative Bezeichnungen: *Rosa* »Nurse Cavell«

Diese kleine Rose schmückt sich den ganzen Sommer über mit leuchtend scharlachroten Blüten, die in dichten Büscheln erscheinen. Die prallen Knospen öffnen sich zu flachen, halbgefüllten Blüten, die allerdings nicht duften. Trotzdem ist diese Rose mit ihrem kräftigen, buschigen Strauch und dem dunkelgrünen Laub, das auf etwas helleren Stielen sitzt, eine wirkungsvolle Gartenbewohnerin. Polyantha-Rosen waren Anfang des 20. Jahrhunderts überaus beliebte Beetpflanzen. Die kleinen Sträucher sind sehr krankheitsresistent und bilden mit ihren in Dolden angeordneten kleinen Blüten wunderschöne Hecken.
Der englische Rosenspezialist Peter Beales hat Rosa »Edith Cavell« vor dem Aussterben bewahrt: 1985 trat der Pfarrer von Swardeston an ihn heran und bat ihn, einige Exemplare dieser Rose aufzutreiben. Man wollte sie im Rahmen der Feierlichkeiten zum 70. Todestag von Edith Cavell pflanzen. Nach einem verzweifelten letzten Zeitungsinserat wurde in einem Garten in Brundall, Norfolk, schließlich ein knorriger, fünfzig Jahre alter Strauch ausfindig gemacht, von dem man zehn neue Pflanzen ziehen konnte – eine Rettungsaktion, die einer Heldin wie Edith Cavell würdig war.

Helen Wilson

Um 1880–1930

Helen »Nellie« Wilson (geborene Ganderton) war die Ehefrau des berühmten Botanikers Ernest Henry Wilson (1876–1930), der wegen seiner vielen erfolgreichen Pflanzensammel-Expeditionen nach China auch »Chinese Wilson« genannt wurde. Auf einer Expedition nach Japan wurde er von Frau und Tochter begleitet – etwas für damalige Zeiten völlig Neues.

Die schüchterne Nellie, die zuweilen auch Ellen gerufen wurde, heiratete Ernest im Juni 1902 in ihrer Heimatstadt Edgbaston in Warwickshire, gleich nachdem er von seiner ersten China-Reise zurückgekehrt war. Das Warten auf ihren Liebsten dürfte ihr in einer Zeit, als Großbritannien immer wieder beunruhigende Nachrichten vom Boxeraufstand (1898–1901) erreichten, nicht leicht gefallen sein. Zweifellos waren Helen die schauerlichen Berichte über die Ermordung von Missionaren, Diplomaten und anderen Ausländern zu Ohren gekommen.

Die Ehe war geprägt von häufigen, langen Trennungen, denn Wilson unternahm noch drei weitere Reisen nach China ohne seine Frau. Selbst auf die Flitterwochen musste das Paar verzichten, Wilson hatte sich vertraglich für eine nächste Expedition im Auftrag von James Veitch verpflichtet, der damals der bekannteste Gärtner Großbritanniens war.

Im Mai 1906 bekamen Nellie und Ernest eine Tochter, die sie Muriel Primrose nannten, nach einer seiner aus China importierten Pflanzen, der *Primula wilsonii*, die am Tag ihrer Geburt in den Königlichen Botanischen Gärten in Kew blühte. Doch auch jetzt konnte Wilson das häusliche Leben im Kreise seiner Familie nicht genießen. Seine Mentoren und Geldgeber übten so lange Druck auf ihn aus, bis er kapitulierte und erneut nach China aufbrach, diesmal im Auftrag des amerikanischen Arnold Arboretum, das zur Harvard University in Boston gehörte.

Er kehrte 1909 zurück, wenige Tage vor dem dritten Geburtstag seiner Tochter, die er zuletzt im Alter von sechs Monaten gesehen hatte. Als Ernest eine Stelle am Arnold Arboretum angeboten wurde, zog die Familie nach Boston. Hier war Wilson schon zu einer kleinen Berühmtheit geworden, und man nannte ihn den »Chinesen«. Nellie fiel es allerdings schwer, sich in Boston einzugewöhnen.

Noch im selben Jahr bezogen die drei ein Haus auf dem Anwesen des Botanischen Gartens, das eigens für sie erbaut wurde, doch es dauerte nicht lange, und Wilson ließ sich – wenn auch nur widerstrebend – zu einer vierten Expedition überreden. Mit Nellie handelte er einen Kompromiss aus: Sie würde für die Zeit seiner Abwesenheit nach England zurückkehren und

Helen Wilson mit Ehemann Henry und Tochter Muriel in Tokio (1914).

bei seiner Familie in Birmingham wohnen. 1911 kehrte die gesamte Familie nach Boston zurück, wo Wilson die Arbeit am Arboretum wieder aufnahm und sein erstes Buch (*A Naturalist in Western China*, 1913) verfasste.

Nellies Gesundheitszustand war seit jeher angeschlagen gewesen, und so hütete sie ein Gutteil ihres Ehelebens das Haus und wartete auf ihren Mann. Ihre Schüchternheit war wohl mit ein Grund dafür, dass sie sich oft einsam fühlte und zuweilen etwas reserviert wirkte. Bei der nächsten Forschungsreise, die Ernest nach Japan führte, kam das Paar überein, dass Nellie und Muriel ihn begleiten würden. Die Expedition dauerte ein Jahr und diente dazu, Wälder und Baumschulen zu erkunden und fotografisch festzuhalten, insbesondere blühende japanische Kirschbäume.

Die Reise fand jedoch ein vorzeitiges Ende, als Japan im August 1914 dem Deutschen Reich den Krieg erklärte. Bei der Rückkehr nach Boston hatte Wilson zahllose botanische Kostbarkeiten im Gepäck, die im Westen bis zu diesem Zeitpunkt unbekannt gewesen waren und teils noch heute angebaut werden. Am Arnold Arboretum war man hocherfreut über die beinahe 2000 Sammelstücke und über 600 Fotos.

1917 begleitete Nellie ihren Ehemann auf seiner sechsten Forschungsreise, die ihn ein letztes Mal in den Fernen Osten führen sollte. Diesmal sammelte Wilson eine Reihe wichtiger Azaleen aus dem Gebiet um die Stadt Kurume. Die beiden bereisten auch die Mandschurei, Taiwan und – besonders ausgiebig – Korea. Zwischen seinen jeweils zwei- bis dreiwöchigen Expeditionen machte Wilson immer wieder einen Abstecher nach Tokio oder Seoul, wo sich Nellie und Muriel aufhielten. Eine Exkursion nach Korea begleiteten Nellie auf einer Sänfte, Muriel auf einem kleinen russischen Pony.

Von dem Schriftwechsel zwischen Nellie und ihrem Ehemann ist nichts erhalten; es heißt, Muriel hätte nach dem Tod ihrer Eltern sämtliche Briefe verbrannt. Was wir über Helen Wilson wissen, stammt entweder aus der Korrespondenz zwischen Ernest und seiner Familie oder ist auf Beobachtungen von Menschen aus ihrem unmittelbaren Umfeld zurückzuführen. Jedenfalls deutet einiges darauf hin, dass die junge Nellie in ihrer stillen, bescheidenen Art außerordentlich stolz auf die Erfolge ihres Ehemannes war.

Im Oktober 1930, drei Jahre nachdem man ihm die Leitung des Arnold Arboretum übertragen hatte, kamen Ernest und Nellie bei einem Autounfall ums Leben, als ihr Wagen auf der Heimfahrt von einem Besuch bei ihrer frisch vermählten Tochter Muriel von der regennassen Straße abkam. Bei der Beerdigung waren die Särge der beiden mit Blüten und Zweigen derjenigen Pflanzen geschmückt, die Ernest gesammelt hatte, darunter die Heckenkirsche und der Holz- oder Wildapfelbaum, die chinesische Schönfrucht sowie *Davidia involucrata*, der berühmte Tauben- oder Taschentuchbaum.

Die Rose Rosa helenae

Rosentyp: Chinesische Synstylae oder Moschata
Einführung: 1907
Eingeführt von: Rehder und Wilson

Für den Rosenexperten Peter Beales ist Rosa helenae die »Mutter« einer eigenen Rosenfamilie, während Charles Quest-Ritson sie in Climbing Roses of the World *(2003) als das östliche Gegenstück zu Rosa brunonii (auch Himalaja-Moschusrose) beschreibt.*
Entdeckt wurde sie 1907 von Ernest Wilson, heimisch ist sie im mittleren und südwestlichen China. Rosa helenae ist eine große Kletterrose für Hecken und Bäume, deren Popularität vollauf gerechtfertigt ist. In seiner Abhandlung Wild Roses: Flowers of the Wayside *schrieb Ernest Wilson: »Von dieser Rosenart (Rosa moschata), die ursprünglich aus China stammt, wird heute ein halbes Dutzend Sorten kultiviert. Die widerstandsfähigste ist die nach meiner Frau benannte* Rosa helenae. *Es handelt sich hier um eine starkwüchsige Pflanze, die zwei bis dreieinhalb Meter lange, gebogene Äste ausbildet. An den Enden der kurzen Triebe sitzen große rundliche Dolden reinweißer, herrlich duftender Blüten, aus denen später orangerote Hagebutten entstehen. Die wunderschönen Blüten sind mit auffälligen gelben Staubblättern ausgestattet und messen keine vier Zentimeter im Durchmesser. Im Arnold Arboretum gedeiht diese Rose ganz gut, in der kalksteinhaltigen Erde von Rochester, New York, allerdings noch viel besser. Genauer gesagt hat sie sich dort als sehr winterhart entpuppt und wächst wie unter ›heimatlichen Bedingungen‹.«*
Was soll ich dem noch hinzufügen? Höchstens, dass sie dank der roten, ovalen Hagebutten auch im Herbst wunderhübsch anzusehen ist.

Constance Spry

1886–1960

Constance Spry war keine einfache Blumenbinderin, sondern eine Künstlerin, die mit ihren spektakulären Arrangements die Floristik revolutioniert und zur Kunstform erhoben hat. Sie war außerdem eine sehr kompetente Gärtnerin; die Natur war ihr stets eine Quelle der Inspiration.

Überraschenderweise hatte sie keine entsprechende Ausbildung, sondern war gelernte Gesundheitserzieherin. Sie kam als ältestes von sechs Kindern in Derby, in den englischen East Midlands, zur Welt. Die Familie zog nach Irland, wo Constance ihre Ausbildung absolvierte. Sie bekam eine Stelle als Lehrbeauftragte und unterrichtete Erste Hilfe und Gesundheitslehre, ehe sie zu Beginn des Ersten Weltkriegs zur Sekretärin des Roten Kreuzes Dublin ernannt wurde.

Nach einer sechs Jahre dauernden unglücklichen Ehe zog sie mit ihrem Söhnchen Anthony wieder nach England, zunächst in die Grafschaft Cumbria und später nach London, wo sie sich erfolgreich als Lehrerin und später als Floristin etablierte. 1921 übernahm sie die Leitung der Continuation School in Hackney.

Constance war die geborene Lehrerin. Sie bediente sich eines klaren, verständlichen Lehrstils, wenn sie ihre Schüler im Kochen oder Nähen von Kleidungsstücken unterwies und ihnen diverse praktische Fähigkeiten beibrachte. Dass sie auch noch andere Fähigkeiten hatte, wurde ihr bewusst, als sie die Freude der Kinder sah, denen sie einen einfachen Blumenstrauß in den Unterricht mitbrachte. 1928 erklärte sie zur Verblüffung ihrer Familie, sie wolle ihre sichere Stelle als Lehrerin kündigen, weil sie eine Karriere als Blumenbinderin anstrebe.

Zu dieser Zeit war sie mit einem Mann namens Henry Ernest Spry, auch Shav genannt, liiert. Da sie sich Mrs. Spry nannte, nahm man stets an, die beiden hätten 1926 geheiratet, doch laut der 2010 erschienenen Biografie *The Surprising Life of Constance Spry* von Sue Shephard fand offenbar nie eine offizielle Vermählung statt. Das Paar zog in das Old Rectory (Pfarrhaus) in Abinger, Surrey. Vielleicht sah Constance nun endlich eine Gelegenheit, ihren künstlerischen Fähigkeiten freien Lauf zu lassen und der Leidenschaft für Blumen zu frönen, die sie seit ihrer Kindheit begleitete. Sie hatte Freunde in der Welt des Kinos und Theaters, die bei ihr Blumenschmuck für ihre Häuser bestellten und sie ermutigten, ein eigenes Geschäft zu eröffnen. Ihr erster Laden hieß Flower Decoration und befand sich in der Belgrave Road in Pimlico im Herzen von London.

Constance Spry, Porträt aus dem Jahre 1952 von Mollie Forestier-Walker (1912–1990).

M. Forestier-Walker
1954

Constance Spry vertrat sehr strenge Ansichten, was die Floristik anbelangte. Ihre Gestecke orientierten sich stets an der natürlichen Wuchsform der Blumen. Berühmtheit erlangte sie vor allem für Arrangements, die sie für einige Mitglieder des Königshauses anfertigte, etwa für die Hochzeit des ehemaligen Königs Edward VIII. (1894–1972) mit der geschiedenen Amerikanerin Wallis Simpson im Jahre 1937. Doch sie zeigte auch normalen Hausfrauen, wie diese ihr Zuhause mit einfachen Gartenpflanzen, Wildblumen oder Blüten von diversen Hecken verschönern konnten. Blumen sollten ihrer Meinung nach das Leben eines jeden Menschen bereichern und nicht nur den oberen Zehntausend vorbehalten sein. Sie war der Auffassung, man könne aus den gewöhnlichsten Blumen wunderbare Gestecke zaubern, solange man nur über die nötige Fantasie verfüge. Sie fand für alles eine Verwendung – Beeren, Zweige, Farne, ja sogar Gemüseblätter. Ihr vorrangiges Prinzip lautete: »Man muss den Blumen eine Möglichkeit geben, einen daran zu erinnern, wie sie aussehen, wenn sie wachsen.« Sie fand außerdem, dass »schöne Blumen nicht in geometrische Formen gezwängt werden sollten«.

1934 eröffnete sie im Londoner Stadtteil Mayfair ein zweites Geschäft und gründete die Constance Spry Flower School; vier Jahre später wurde in New York eine weitere Filiale eröffnet. Mit dem Ausbruch des Zweiten Weltkriegs 1939 besann sie sich wieder auf ihre Begabung als Lehrerin und unterrichtete ökonomische Haushaltsführung.

Ihre Berühmtheit und ihr Talent machten sie zu einer begehrten Blumenbinderin für Galas, Opern und königliche Hochzeiten. Ihr Stil hatte sich mittlerweile so weit etabliert, dass sie 1947 den Auftrag erhielt, die Blumendekoration bei der Hochzeit von Prinzessin Elisabeth und Prinz Philip zu übernehmen. 1953 schmückte sie anlässlich der Krönung von Königin Elisabeth II. die Westminster Abbey sowie die Straßen, durch die die anschließende Parade führte, und erhielt dafür den Verdienstorden »Order of the British Empire«.

Gemeinsam mit ihrer Geschäftspartnerin Rosemary Hume, mit der sie die Haushaltsschule Winkfield Place führte, ersann sie zu diesem Anlass auch ein Gericht für das Krönungsbankett der Königin. Das Rezept für das sogenannte Coronation Chicken, einen exotischen Hühnersalat, fand auch Eingang in das *Constance Spry Cookery Book*, ein 1956 veröffentlichtes Kochbuch, welches sich millionenfach verkaufte.

1960, ein Jahr nach der Gründung der National Association of Flower Arrangement Societies, starb Connie plötzlich und unerwartet. Das, was sie uns mitgeben wollte, lässt sich sehr passend wie folgt zusammenfassen: »Wir wollen neu geboren werden, mit frischem Blick, damit wir von Neuem die Schönheit bestaunen können, für die wir schon blind waren, weil wir uns daran gewöhnt hatten.«

Die Rose »Constance Spry«

Rosentyp: Englische Rose
Einführung: 1960
Züchter: Austin, Albrighton, Großbritannien
Abstammung: *Rosa* »Belle Isis« x *Rosa* »Dainty Maid«

In unserem Garten wächst diese herrliche Rose praktisch in den Himmel und wird jedes Jahr noch prächtiger und ansehnlicher. Stolz und unverwüstlich nickt sie jedem Besucher »von oben herab« mit ihren wunderschönen Blüten zu. Ihr verblüffender Duft erinnert frappant an Myrrhe, das begehrte Harz der Balsambaumgewächse – dieser Meinung ist zumindest der Rosenexperte Graham Stuart Thomas. Libby, eine

unserer Mitarbeiterinnen auf der Trinity Farm, fand allerdings, dieser Rose hafte eher der Geruch nach Desinfektionsmitteln öffentlicher Toiletten an, doch ich denke, damit tut man »Constance Spry« unrecht. Der nur sehr selten vorkommende Duft dieser Rose weckt Erinnerungen an den Orient. »Constance Spry« war die erste einer ganzen Reihe von Rosen des Züchters David Austin, die nach Myrrhe riechen. Sie schmückt sich großzügig mit kugeligen Blüten, deren Form, Größe und Farbe – ein seidiges und zugleich kräftiges Pink – dem Betrachter schlicht den Atem rauben. Diese Rose geizt wahrlich nicht mit ihren Reizen; in ihrer Fülle und Pracht wirkt sie barockartig überladen und doch elegant. Die langen Stiele sind stachelig und biegsam, sodass sie sich anmutig in der Früh-

lingsbrise wiegen; die austreibenden Blätter sind anfangs von einem hübschen Zartrosa und werden später tiefgrün. Im Gegensatz zu so manchen ihrer Geschwister und Nachfahren ist sie für eine Austin-Rose bemerkenswert gesund und hält sich gut in unserem Garten, obwohl bei uns nicht gespritzt wird. Sie wuchert und klettert hemmungslos, wächst auch gern bogig überhängend und sollte unter keinen Umständen zurückgestutzt werden. Am besten gestattet man ihr, sich nach Belieben auszubreiten. »Constance Spry« hat die Angewohnheit, an allen möglichen und unmöglichen Stellen urplötzlich aufzutauchen, und ist mit ihrem temperamentvollen, selbstbewussten und glücklicherweise völlig ungenierten Gebaren genau die passende Rose für ihre Namensgeberin, die nicht

minder temperamentvolle, selbstbewusste Doyenne der Blumenbinderei.
David Austin hat hier eine völlig neue Rosensorte gezüchtet – eine Kreuzung, die mal mehr und mal weniger erfolgreich die Eigenschaften der großblütigen, vollen, duftenden alten Rosen mit denen der modernen Remontant-Rosen kombiniert. Damit entstand eine riesige, facettenreiche Familie, deren Mitglieder in unterschiedlichem Maße anfällig für Krankheiten sind.
Die Englischen Rosen haben sich zweifelsohne einen Platz in der Geschichte verdient, wenn auch nicht jede von ihnen die Zeiten überdauern wird. »Constance Spry« jedenfalls ist und bleibt, obwohl sie nur einmal im Jahr blüht, mit ihrer Schönheit, Vitalität und Anziehungskraft einer unserer erklärten Lieblinge.

Das an ihrer Schule geltende Motto »Je sème à tous vents« (»Ich säe die Samen des Wissens in alle vier Windrichtungen«) hatte Nancy Steen, die man in Neuseeland als Begründerin des Heritage Roses Movement kennt, schon als Kind verinnerlicht. Heute gilt sie weltweit als Expertin für alte Rosen.

Ihr Vater hatte schottische, ihre Mutter irische Vorfahren; die beiden kamen um 1880 nach Neuseeland. Nancy, die eigentlich nach ihrer Großmutter auf den Namen Agnes getauft werden sollte, war ein fleißiges und stilles, aber durchaus selbstsicheres Mädchen. Ihre erste Anstellung in einer Werbeagentur in Wellington eröffnete ihr die Möglichkeit, ihr kreatives Talent zu entwickeln, ehe sie im Alter von 28 Jahren eine Ausbildung zur Säuglings- und Kinderkrankenschwester begann. Zwei Jahre später heiratete sie David Steen, einen vielversprechenden jungen Buchhalter, und zog mit ihm nach Auckland. Anfang der 1930er-Jahre bekamen die beiden zwei Töchter, Barbara und Sue. Zu dieser Zeit erwachte auch ihre Liebe zum Gärtnern, doch sie arbeitete weiterhin als Kinderkrankenschwester, begann jedoch ein Kunststudium und entwickelte ein besonderes Interesse für Blumenmalerei. Das Paar reiste viel, was Nancy zahlreiche Gelegenheiten bot, Skizzen von ihrer Umgebung, insbesondere der Pflanzenwelt, anzufertigen, die ihr als Basis für Linolschnitte dienten. Einer ihrer größten künstlerischen Erfolge war ein Bilderalphabet mit Motiven der Flora Neuseelands, das im Schulunterricht eingesetzt wurde. 1936 wurde Nancy zum »arbeitenden Mitglied« der Auckland Society of Arts ernannt; eine Ehre, die nicht jedermann zuteil wird. Sie verfügte nicht nur über ein fundiertes botanisches Wissen, sondern auch über den Blick einer Künstlerin, eine einzigartige Kombination. Ihr Talent äußerte sich insbesondere in der harmonischen Wechselwirkung von Farbe und Form.

Nach dem Zweiten Weltkrieg, während dessen David als Armeeoffizier in Neuseeland stationiert war, kauften sich die beiden ein winziges Wochenendhäuschen am Stadtrand von Auckland. Dort legte Nancy ihren ersten eigenen Garten an. Als sich das Ehepaar später ein Haus in der Stadt baute, konnte sie ihre Fähigkeiten als Gärtnerin und Gartengestalterin weiterentwickeln. Sie orientierte sich bei der Gartenplanung an genauen Farbschemata und entdeckte bei dieser Gelegenheit ihre Vorliebe für alte Rosen.

Nancy Steen mit einigen ihrer herrlichen Rosen (um 1966).

In ihrem 1966 veröffentlichten Buch *The Charm of Old Roses* schreibt sie: »Rosen bilden beim Planen und Pflanzen unseres Gartens den Hintergrund. Den Großteil unserer alten Rosen haben wir von Freunden geschenkt bekommen oder gesammelt, sei es irgendwo am Wegesrand oder dort, wo sich die ersten Siedler niedergelassen hatten. Einige haben wir auch in Neuseeland oder England gekauft. Glücklicherweise bietet unser jetziger Garten fast alles, was wir uns erhofft hatten – eine günstige, geschützte Lage an einem Nordhang, umgeben (aber nicht umzingelt) von Bäumen, und eine schöne Aussicht. Die Erde war schwer, was uns einigermaßen erstaunte, befindet sich doch ein paar hundert Meter weiter der Krater eines erloschenen Vulkans.«

Alte Rosen gedeihen im gemäßigten Klima Neuseelands hervorragend. Die ersten Siedler brachten bei ihrer Auswanderung ihre botanischen Kostbarkeiten von zu Hause mit, und wie alte Aufzeichnungen aus Baumschulen belegen, wurden auch schon damals Rosen importiert, sobald sie in Europa auf den Markt gekommen waren. Man pflanzte sie großflächig in Form von Hecken, auf Friedhöfen und in den Gärten alter Missionshäuser. Dieser Umstand sowie ihre angeborene Widerstandskraft sind dafür verantwortlich, dass sie überlebt haben. Die Fülle an historischen Rosen in Neuseeland umfasst einige Sorten, die ansonsten weltweit ausgestorben sind. »Je tiefer wir in die Geschichte dieser faszinierenden Pflanzen eintauchen, desto mehr regen diese Gartenschätze unser Interesse an«, sagte Nancy Steen einmal.

Es war Davids Faible für Geschichte, das die beiden veranlasste, auf alten Straßen und Seitenwegen durch das Land zu fahren, Aufzeichnungen zu machen und ihrer Sammelleidenschaft zu frönen. »Wir haben unzählige halbwild wachsende alte Rosen im ganzen Land aufgestöbert, aber wir werden wohl nie vergessen, wie aufgeregt wir bei unserem allerersten Fund waren«, schrieb Nancy. Sie identifizierte jene Rose damals als »Anaïs Ségalas«, eine der frühesten Importe.

Nancy Steen war eine Vollblut-Gärtnerin. Rosen waren für sie immer ein Teil des Ganzen. Alle drei Jahre grub sie sämtliche Beete um, stutzte die Wurzeln, rechte und düngte die Erde und ließ den Begleitpflanzen die erforderliche Pflege angedeihen. Als Dünger kam Hopfen zum Einsatz. Ihre Tochter erzählte, man habe ganze LKW-Ladungen frischen, warmen Hopfens angekarrt, sodass es im Garten roch wie in einer Brauerei. Außerdem wurde der Kompost mit Eichenblättern angereichert, die Nancy gemeinsam mit ihren Töchtern in einer Allee in der Nähe sammelte.

Bis 1949 hatte sich Nancy so weit etabliert, dass sie immer wieder gebeten wurde, Vorträge zu halten oder Zeitungsartikel zu verfassen. Rosenliebhaber aus der ganzen Welt wollten ihren Garten besichtigen. Sie war 69 Jahre alt, als das von ihr geschriebene und gestaltete Buch *The Charm*

of *Old Roses* erschien, das wir nach wie vor vielen aktuelleren Werken vorziehen. Das Buch wurde ein Kassenschlager. Ihre Erzählungen von den Funden der diversen Rosen lesen sich wie die faszinierende Reportage über ein Pionierland. In der Einleitung heißt es: »Jedes Jahr verschwinden wieder ein paar alte Rosen, deshalb hoffen wir, dass diese Aufzeichnungen wenigstens an einige der verloren gegangenen Prachtstücke erinnern – Prachtstücke, die den einsamen Pionieren – und vor allem ihren Ehefrauen – einen Anflug von heimatlichen Gefühlen vermittelt haben.«

Nancy Steen wurde mit einer lebenslänglichen Mitgliedschaft in der National Rose Society geehrt und vom Dominion Council der Royal Horticulture zum Ehrenmitglied erklärt. 1967 wurde sie vom New Zealand Historic Places Trust gebeten, bei der Neubepflanzung des Gartens von Kemp House (auch Kerikeri Mission House genannt) mitzuwirken, das eines der ältesten und historisch bedeutsamen Gebäude des Landes ist.

1980 wurde Heritage Roses New Zealand gegründet, eine Organisation für historische Rosen, welche von Nancy in ihren Anfängen nach Kräften unterstützt wurde. Abgesehen von ihrem Buch und der ihr gewidmeten Rose erinnert auch der Nancy Steen Garden in Auckland an sie, der 1984 – zwei Jahre vor ihrem Tod – eröffnet und als Anerkennung für ihren Ein-satz zur Erhaltung alter Rosen nach ihr benannt wurde. Heritage Roses New Zealand schuf hier zusammen mit der Stadtverwaltung Auckland eine duftende Oase, in der über 200 alte Rosen und Wildrosen wachsen.

Die Rose »Nancy Steen« ➡

Rosentyp: Strauchrose
Einführung: 1976
Züchter: Sherwood, Waitara, Neuseeland
Abstammung: *Rosa* »Pink Parfait« x (*Rosa* »Ophelia« x *Rosa* »Parkdirektor Riggers«)

Nancy Steen ist eine recht robuste Rose, die gut zu der Pionierin Nancy Steen passt. Ihre duftenden, doppelt gefüllten Blüten sind hellrosa bis lachsrosa und verblassen mit der Zeit zu Elfenbeinweiß. Die Kronblätter sind unregelmäßig angeordnet. Das Laub des kompakten Strauchs ist dunkelgrün, die Blüten erscheinen reichlich und in großen Büscheln die ganze Saison über. Diese Rose wurde von George Sherwood gezüchtet, der damals Präsident der New Zealand Rose Breeders' Association war. Von Beruf war Sherwood Rinderzüchter. Ob Rosen oder Rinder, das Prinzip sei dasselbe, soll er einmal gesagt haben, und: »Das Geheimnis des Erfolgs liegt in der Züchtung.« Susan McAffer berichtet in

ihrer im Jahre 2000 erschienenen Biografie The Charm of Nancy Steen, Sherwood habe Nancy schriftlich um Erlaubnis gebeten, eine Rose nach ihr zu benennen. Da Nancy zu dieser Zeit mit David auf Geschäftsreise war, beantwortete ihre Tochter das Schreiben und gab ihm stellvertretend für ihre Mutter ihr Einverständnis. Nancy reagierte etwas irritiert, denn sie fürchtete, die Rose könnte ihr womöglich nicht gefallen. Als sie sie dann aber sah, war sie begeistert, zumal man ihr dann sogar eine vergoldete Blütendolde davon überreichte, zum Dank für ihr unermüdliches und intensives Engagement für die Erhaltung alter Rosen.
Der Verlauf ihrer Züchtung erlaubt einen Einblick in die seltsame Natur der Hybrid-Rosen: Rosa »Pink Parfait« ist eine leicht duftende, hellrosa »Knopflochrose« mit in Büscheln erscheinenden Blüten. Die zweite Elternpflanze von »Nancy Steen« war ein Sämling – eine Kreuzung aus der wunderschönen alten Teehybride »Ophelia« und der Rosa »Parkdirektor Riggers«, einer roten Kletterrose mit halbgefüllten Blüten.

Die in England gezüchtete Rosa »Ophelia« war Elternpflanze vieler besonderer Rosen. Sie ist eine stattliche, babyrosa Rose mit 35 Petalen, von der ein schier unwiderstehlicher Duft ausgeht. »Parkdirektor Riggers« ist eine einfache Kletterrose aus Deutschland, die zwar nicht duftet, dafür aber unglaublich resistent gegen Krankheiten ist. Nun fragen Sie sich vielleicht, wie es möglich ist, dass aus der Kreuzung einer gesunden einfachen roten Kletterrose mit einer herrlich duftenden Teehybride ein Sämling entstehen kann, der, seinerseits mit einer »Knopflochrose« gekreuzt, zur Entstehung der wunderbaren »Nancy Steen« führen kann? All das verdanken wir den Züchtern, welche die latenten genetischen Vorzüge erkennen, die in einer Pflanze schlummern, und sie in unsere Gärten zaubern.

Zwei Versionen der Lebensgeschichte dieser Namenspatronin sind überliefert. 2005 wurde in der Zeitschrift *Roses Anciennes en France* die wahrheitsgetreue veröffentlicht. Der Artikel basierte auf einem der seltenen Interviews mit Ghislaine de Féligondes Tochter und widerlegt eine viele Jahrzehnte überlieferte Legende.

Nach dieser ist die wunderschöne Rose nach einer Französin benannt, die sich im Ersten Weltkrieg als Heldin hervorgetan hatte. Die Begebenheit wurde zum ersten Mal in den 1930er-Jahren in *The Rose Manual* von Dr. J. H. Nicolas geschildert. Viele Jahre später hörte mein Mann Lloyd sie dann von Jean Turbat, dem Enkel des Züchters Eugène Turbat.

Letzterer war neben Barbier und Transon einer der drei berühmten Züchter aus Orléans. Außerdem war er Präsident der Horticultural Chamber of Commerce sowie Senator, also Mitglied des Oberhauses des französischen Parlaments. Jean Turbat gab an, sein Großvater habe ihm die folgende Geschichte erzählt: Der Graf von Féligonde, ein junger Offizier, war in der Schlacht schwer verwundet und im Niemandsland zurückgelassen worden. Er war dem Tod geweiht, denn keiner seiner Kameraden brachte den Mut auf, ihn zu retten. Seine Ehefrau Ghislaine wagte sich im Schutz der Dunkelheit auf das Schlachtfeld, brachte ihn in Sicherheit und pflegte ihn wieder gesund. Dafür wurde sie als Heldin verehrt, und überdies wurde ihr eine Rose gewidmet, die die Menschheit stets an sie erinnern sollte.

Da die echte Ghislaine allerdings erst zwei Jahre alt war, als die Rose 1916 auf den Markt kam, kann sich die Geschichte wohl kaum tatsächlich so zugetragen haben. In Wirklichkeit war Ghislaine die Tochter eines Grafen namens Charles de Féligonde, der mit seiner Frau Odette de Martel in Paris und auf dem Landsitz Chantemesle, dreißig Kilometer von Chartres entfernt, lebte. Ihren Urlaub verbrachten sie häufig auf dem Schloss des Onkels Gabriel de St. Ferriol in der Nähe der Stadt St. Martin d'Uriage im gebirgigen Südosten von Frankreich. Der mit dem Paar befreundete Landschaftsarchitekt Jean-Claude Nicolas Forestier (1861–1930) war auch ein Bekannter des Züchters Eugène Turbat, und ebendiesem Landschaftsarchitekten verdankt die Rose ihren Namen.

Forestier war ein weltweit anerkannter Fachmann und wurde von Spanien bis Marokko, von New York bis Buenos Aires mit der Planung von Parkanlagen betraut. Als Grünflächenbeauftragter der Pariser Stadtverwaltung war er überdies maßgeblich an der Rettung des baufälligen Château de Bagatelle beteiligt. Unter seiner Anleitung wurden Anfang des

Aus dem Familienalbum: Ghislaine de Féligonde in ihrem Garten (um 1930).

20. Jahrhunderts nicht nur das Schloss, sondern auch die umliegenden Parkanlagen im Stadtwald Bois de Boulogne restauriert und umgestaltet.

Forestier war ein Rosenkenner, auf dessen unfehlbare Meinung sich angeblich Freunde wie Feinde gleichermaßen verließen. 1907 wurde der Rosengarten zum Schauplatz eines internationalen Rosenzüchterwettbewerbs, der seither alljährlich dort stattfindet. 1916 trat Turbat bei diesem Wettbewerb mit einer Rose an, die lediglich mit einer Nummer zur Identifizierung versehen war. Die Juroren kamen zu dem Schluss, dass die Rose einen Preis verdiente, allerdings war dies laut den Vorschriften nur möglich, wenn sie auch einen Namen trug. Forestier dachte an die hübsche Tochter seiner Freunde und schlug Féligonde als »Patin« der Rose vor.

Übrigens wurde der Graf von Féligonde im Krieg tatsächlich sehr schwer verwundet, doch weder seine kleine Tochter noch seine Frau eilten ihm zu Hilfe. Interessanterweise gibt es rund um die Schlachten des Ersten Weltkriegs zahlreiche Mythen und Gerüchte. Immer wieder berichteten Soldaten von »Engeln«, die ihnen beistanden und Mut zusprachen, allerdings basierte zumindest eine dieser Legenden nachweislich auf einer fiktiven Kurzgeschichte. Dieses Phänomen wird von dem Literaturhistoriker Paul Fussell in seinem Buch *The Great War and Modern Memory* (1975) erörtert. Mehrere Überlebende der Schlacht an der Somme (Juli bis November 1916), bei der fast eine Million Todesopfer zu beklagen waren, erzählten von »jesusähnlichen weißen Helfern« oder Kameraden, und unter den Soldaten kursierte das Gerücht, dass ein Trupp Deserteure sowohl von britischer als auch von französischer Seite beschlossen hatte, sich nicht mehr an dem sinnlosen Blutvergießen zu beteiligen, und sich seither in den verlassenen Schützengräben und Höhlen unter den Schlachtfeldern versteckt hielt. Es gab nie Beweise für diese Theorie; trotzdem wurde das Gerücht von einer Generation an die nächste weitergegeben. Möglicherweise liegen auch der Legende von Ghislaine de Féligonde derartige »Schlachtfeldvisionen« zugrunde.

Die echte Ghislaine de Féligonde fand ihre letzte Ruhestätte im Familiengrab des Château de Chantemesle im nordfranzösischen Logron. Das Schloss ist umgeben von einem traumhaften Park, der sowohl im englischen wie auch im französischen Stil gestaltet ist und in dem der Graf von Féligonde, ein leidenschaftlicher Gärtner, gleich mehrere Exemplare der nach Ghislaine benannten Rose gepflanzt hat. Ihrer Tochter zufolge rankt sich eine von ihnen – »ein richtiges Prachtstück« – noch heute »an einem der Nordtürme von Chantemesle empor«.

Die Rose »Ghislaine de Féligonde«

Rosentyp: Multiflora
Einführung: 1916
Züchter: Turbat, Orléans, Frankreich
Abstammung: *Rosa* »Goldfinch« x
Multiflora-Sämling

»Ghislaine de Féligonde« ist eine traumhaft üppige, winterharte Rambler-Rose, deren Farbton je nach Blühstadium changiert. Der Strauch wächst aufrecht und kräftig, wird gleich breit wie hoch und ist mit zartgrünen, rauen Blättern bestückt. Die eher klein ausfallenden, aber sehr aparten, doppelt gefüllten Blüten wachsen auf Rispen. Ihr Farbspektrum reicht von zartem Orange über Gelb bis Elfenbeinweiß – überaus passend für eine kleine französische Gräfin.
Im Frühling gibt sie einen so herrlichen Blickfang ab, dass wir sie in unserem Garten in die unwirtlichsten Ecken gepflanzt haben, was sie mit großer Gelassenheit – und ebenso viel Anmut – erträgt. Ihre Hauptblütezeit ist im Frühjahr; im Herbst folgt ein zweiter, etwas bescheidenerer Flor. Die aufrechte Wuchsform und die Tatsache, dass sie sehr gesund und fast stachellos ist, sind typische Merkmale einer Multiflora-Rose.

Referenzen

Beim Schreiben des vorliegenden Buches habe ich – in unterschiedlichem Ausmaß und mit unterschiedlichem Erfolg – eine Vielzahl verschiedenster Quellen konsultiert, darunter Geschichtsbücher, Biografien, Reiseführer, Enzyklopädien sowie diverse Webseiten. Es ist weder möglich noch besonders sinnvoll, die einhundert geschichtlichen Konvolute und die fast siebzig Rosenbücher aufzulisten, aus denen ich die Informationen über die hier erwähnten Frauen bezogen habe.

Deshalb möchte ich an dieser Stelle all den unzähligen Wissenschaftlern und Autoren meinen Dank aussprechen.

Was die geschichtlichen Hintergründe anbelangt, habe ich mich auf folgende wichtige Werke gestützt:
Theo Aronson (*Napoleon and Josephine*, 1990), Napoléon Bonaparte und Kaiserin Marie-Louise (*My Dearest Louise: The Letters of Marie-Louise and Napoléon*, 1813–1814, Hrsg. C. F. Palmstierna, 1958), Elisabeth de France (*The Life and Letters of Madame Elisabeth de France*, übersetzt von Katharine Prescott Wormeley, 1902), Antonia Fraser (*Mary Queen of Scots*, 1969; *Marie Antoinette*, 2001), David Gilmour (*Curzon: Imperial Statesman*, 1994), Adam Hochschild (*King Leopold's Ghost*, 1998), Richard Hough (*Victoria and Albert: Their Love and Their Tragedies*, 1996), T. E. B. Howarth (*Citizen King: The Life of Louis-Philippe*, 1961), Alan Kendall (*Robert Dudley, Earl of Leicester*, 1980), Jessica Mitford (*Grace Had an English Heart*, 1988), Leonard Mosley (*Curzon: The End of an Epoch*, 1961), Rebecca Stott (*The Duchess of Curiosities*, 2006), Barbara Tuchman (*A Distant Mirror*, 1978). Das Centre Jeanne d'Arc in Orléans war ebenfalls eine Informationsquelle von unschätzbarem Wert.

Die Informationen zu den diversen Rosen stammen von folgenden Autoren:
David Austin, Peter Beales, Brent Dickerson, Gerd Krüssmann, Robin Lane Fox, Hazel le Rougetel, Bill Grant, Jack Harkness, François Joyeux, Phillips and Rix, Stephen Scanniello, Nancy Steen, Graham Stuart Thomas, Ingrid Verdegem.

Eine komplette Referenzliste erhalten Sie unter ann.chapman@inspire.net.nz.

Bildnachweis

Die Herausgeber danken den folgenden Bildagenturen, Archiven und Privatpersonen, die uns freundlicherweise Fotografien für den Abdruck im vorliegenden Buch zur Verfügung gestellt haben. Sämtliche Urheberrechtsinhaber wurden mit größtmöglicher Sorgfalt ermittelt; sollten wir trotzdem jemanden übersehen haben, so bitten wir dies zu entschuldigen und uns darüber zu informieren, damit wir die entsprechenden Angaben in der nächsten Ausgabe ergänzen können.

Umschlag und S. 2: Ausschnitt aus »Die Seele der Rose«, 1908, von John William Waterhouse (1849–1917), Privatbesitz. (Foto: Privatbesitz. Mit freundlicher Genehmigung von Julian Hartnoll/The Bridgeman Art Library)
S. 10: Cornelia mit ihren Söhnen, Bildausschnitt aus »Cornelia, Mutter der Gracchen«, um 1780, von Joseph Benoit Suvée (1743–1807), Louvre, Paris. (Foto: Louvre, Paris, France/Giraudon/The Bridgeman Art Library)
S. 16/17: »Die Christen werden den wilden Tieren vorgeworfen«, 19. Jh., von Louis Félix Leullier (1811–1882), Privatsammlung. (Foto: Privatsammlung/Photo © Bonhams, London, UK/The Bridgeman Art Library)
S. 20: Ausschnitt aus »Die schöne Rosamund in ihrer Laube«, um 1854, von William Bell Scott (1811–1890), Privatsammlung. (Foto: Privatsammlung/ Photo © The Maas Gallery, London/The Bridgeman Art Library)
S. 24: »Die Belagerung von Hennebont im Jahre 1342« aus den *Chroniken von England* von Jean de Wavrin, nach der Vorlage der Buchmaler-Meister der Chroniques d'Angleterre sowie Meister des Harley-Froissart, MS Français 76, f. 61, Bibliothèque Nationale de France. (Foto: Bibliothèque Nationale de France MS Français 76, f. 61)
S. 28: »Jolanthe von Aragón und ihre Kinder knien vor einem Bildnis der Jungfrau Maria mit dem Christuskind«, aus dem *Eid- und Gründungsbuch der königlichen Kapelle von Gué de Maulny*, 14.–17. Jh., MS 0691 f. 016, Médiathèque Louis-Aragon, Le Mans. (Foto: Ville du Mans. Médiathèque Louis-Aragon/Cliché IRHT MS 0691 f. 016)
S. 32: Ausschnitt aus » Johanna von Orléans«, 1865, von Sir John Everett Millais (1829–1896). Privatsammlung (Foto: Privatsammlung/Foto © Peter Nahum, The Leicester Galleries, London/The Bridgeman Art Library)
S. 38: Der Dichter Karl von Orléans mit seiner Gemahlin Maria von Kleve auf Schloss Blois, 1845, von Ange François (1800–1872), Musée de Brou, Bourg-en-Bresse. (Foto: akg-images/Erich Lessing)
S. 43: »Amy Robsart«, 1884 (Öl auf Holz) von William Frederick Yeames (1835–1918), Wolverhampton Art Gallery, Wolverhampton (Foto: © Wolverhampton Art Gallery, West Midlands, UK/The Bridgeman Art Library)
S. 44: »Amy Robsart und Robert Dudley, Graf von Leicester«, um 1827, von Richard Parkes Bonington (1802–1828), Ashmolean

Museum, Oxford. (Foto: Ashmolean Museum, University of Oxford, UK/The Bridgeman Art Library)

S. 48: Ausschnitt aus »Miniatur von Maria Stuart«, um 1560, von einem Schüler von François Clouet (um 1510–1572), Victoria and Albert Museum, London. (Foto: Victoria and Albert Museum, London, UK/The Bridgeman Art Library)

S. 54: »Nur Mahal mit Kaiser Jahangir und seinem Sohn Jahan in einem Garten vor einem mit Darstellungen von Christus und Maria dekorierten Pavillon«, Indien, 1800, Victoria and Albert Museum, London. (Foto: © Victoria and Albert Museum, London)

S. 57: »Porträt der Kaiserin Nur Mahal, Gemahlin des Kaisers Jahangir (1569–1627)«, Indien, um 1675, Victoria and Albert Museum, London. (Foto: © Victoria and Albert Museum, London)

S. 60: »Porträt von Margaret Cavendish Bentinck, 2. Herzogin von Portland« von Michael Dahl (1656–1743), Privatsammlung. (Foto: Privatsammlung/Photo © Christie's Images/The Bridgeman Art Library)

S. 66/67: »Die Familie Penthièvre oder Die Tasse Schokolade«, 1768, von Jean Baptiste Charpentier (1728–1806), Château de Versailles, Versailles. (Foto: Château de Versailles, France/The Bridgeman Art Library)

S. 71: »Kaiserin Joséphine auf Schloss Malmaison«, ca. 1801, von Baron François Pascal Simon Gérard (1770–1837), Musée National du Château de Malmaison, Rueil-Malmaison. (Foto: Musée National du Château de Malmaison, Rueil-Malmaison, France/Giraudon/The Bridgeman Art Library)

S. 76: Ausschnitt aus »Träume« von Edouard Frederic Wilhelm Richter (1844–1913), Galerie Nataf, Paris. (Foto: Galerie Nataf, Paris, France/The Bridgeman Art Library)

S. 82: Ausschnitt aus »Marie de Sombreuil trinkt ein Glas Blut, um das Leben ihres Vaters zu retten«, 1853, von Pierre Puvis de Chavannes (1824–1898), Musée des Beaux-Arts, Angers (Foto: © RMN/Michèle Bellot)

S. 86: »Madame Adélaïde d'Orléans« (Öl auf Leinwand) von Marie-Amélie Cogniet (1798–1869), Musée Condé, Chantilly. (Foto: Musée Condé, Chantilly, France/Giraudon/The Bridgeman Art Library)

S. 90: »Marie Thérèse Charlotte von Frankreich mit ihrem Bruder, dem Thronfolger Louis-Joseph-Xavier«, 1784, von Elisabeth Louise Vigée-Lebrun (1755–1842), Châteaux de Versailles et de Trianon, Versailles. (Foto: © RMN (Château de Versailles)/Gérard Blot)

S. 93: »Marie Thérèse Charlotte (1778–1851), Herzogin von Angoulême«, Friedrich Heinrich Füger (zugeschr.) (1751–1818), Musée Condé, Chantilly. (Foto: Musée Condé, Chantilly, France/Giraudon/The Bridgeman Art Library)

S. 96: »Louise Antoinette Lannes, geb. Guéheneuc, Herzogin von Montebello, mit ihren fünf Kindern«, von Baron François Pascal Simon Gérard (1770–1837), Châteaux de Versailles et de Trianon, Versailles. (Foto: © RMN (Château de Versailles)/Gérard Blot)

S. 99: »Porträt der Maréchale Lannes, Herzogin von Montebello« von Jean Baptiste Isabey (1767–1855), Musée du Louvre, Paris. (Foto: © RMN/Droits réservés)

S. 102: »Aimée Davout, Herzogin von Auerstädt, mit ihren zwei Kindern«, Stich nach einem Gemälde von Henri-Pierre Danloux (1753–1809), in Davout, Maréchal d'Empire, Duc d'Auerstadt, Prince d'Eckmühl, 1770–1823, von Graf Henri Vigier, Paris, 1898, Bd. 2, The British Library. (Foto: © The British Library Board. Alle Rechte vorbehalten 010664.m.33)

S. 106: Ausschnitt aus »Porträt von Zoé Talon, Gräfin von Cayla, mit ihren beiden Kindern Ugoline und Ugolin auf der Terrasse von Schloss Saint-Ouen«, 1825, von Baron François Pascal Simon Gérard (1770–1837), Châteaux de Versailles et de Trianon, Versailles. (Foto: © RMN (Château de Versailles)/El Meliani)

S. 112: Ausschnitt aus »Marie-Louise (1791–1847) und der König von Rom (1811–1832)« von Baron François Pascal Simon Gérard (1770–1837), Château de Versailles, France. (Foto: Château de Versailles, France/Giraudon/The Bridgeman Art Library)

S. 118/119: Ausschnitt aus »Grace Darling im Ruderboot auf stürmischer See« von Thomas Brooks (1818–1891), RA (1818–1891), RNLI Heritage Trust. (Foto: RNLI Heritage Trust)

S. 122: »Anaïs Ségalas (1814–1895)« von Pierre Petit (1832–1909), Archives Larousse, Paris. (Foto: Archives Larousse, Paris, France/Giraudon/The Bridgeman Art Library)

S. 126: Ausschnitt aus »Königin Viktoria«, 1838, von Thomas Sully (1783–1872), The Wallace Collection, London. (Foto: © Wallace Collection, London, UK/The Bridgeman Art Library)

S. 129: Ausschnitt aus »Schloss Windsor heute: Königin Viktoria, Prinz Albert und Kronprinzessin Viktoria«, 1840–1843, von Sir Edwin Landseer (1802–1873). (Foto: The Royal Collection © 2011 Her Majesty Queen Elizabeth II/The Bridgeman Art Library)

S. 132: »Caroline Julie Rothschild«, The Rothschild Archive, London. (Foto: Reproduktion mit freundlicher Genehmigung von The Rothschild Archive)

S. 136: »Marie Henriette, Herzogin von Brabant« von Franz Xaver Winterhalter, Royal Collection of Belgium. (Foto: Copyright IRPA-KIK, Brussels)

S. 141: »Gertrude Jekyll« von Sir William Newzam Prior Nicholson, Öl auf Leinwand, 1920, National Portrait Gallery, London (Foto: © National Portrait Gallery, London)

S. 144: »Alice Marian Mills (geb. Harbord-Hamond) alias Lady Hillingdon«, 18. Mai 1921, von Bassano, National Portrait Gallery, London. (Foto: © National Portrait Gallery, London)

S. 148: »Porträt von Ellen Willmott« von Rosa Mantovani, Privatsammlung. (Foto: Steve Gorton)

S. 152: Edith Cavell mit einem Kind vor dem Krankenhaus Shoreditch Infirmary, 1903. (Foto: Getty Images)

S. 156: »Das Ehepaar Helen und Henry Wilson mit Tochter Muriel, Familienporträt, aufgenommen in Tokyo«, 1914, Arnold Arboretum Archives, Harvard University. (Foto: © President and Fellows of Harvard College, Arnold Arboretum Archives)

S. 161: »Porträt von Constance Spry«, 1952, von Mollie Forestier-Walker (1912–1990), 1952, Privatsammlung. (Foto: zur Verfügung gestellt von Bonhams)

S. 164: »Nancy Steen«, ca. 1966, Privatsammlung. (Foto: Reproduktion mit freundlicher Genehmigung von Nancy Steens Tochter)

S. 171: Ghislaine de Féligonde , ca. 1930, Privatsammlung (Foto: Reproduktion mit freundlicher Genehmigung von Ghislaine de Féligondes Tochter)